Pour THEO,
entre les oyats et la mer,
il y a le sable aux
multiples dangers
Amicalement

Pour Théo
Amicalement et
Bon Anniversaire !
Winoc

Pierres Du Nord

2. Opale

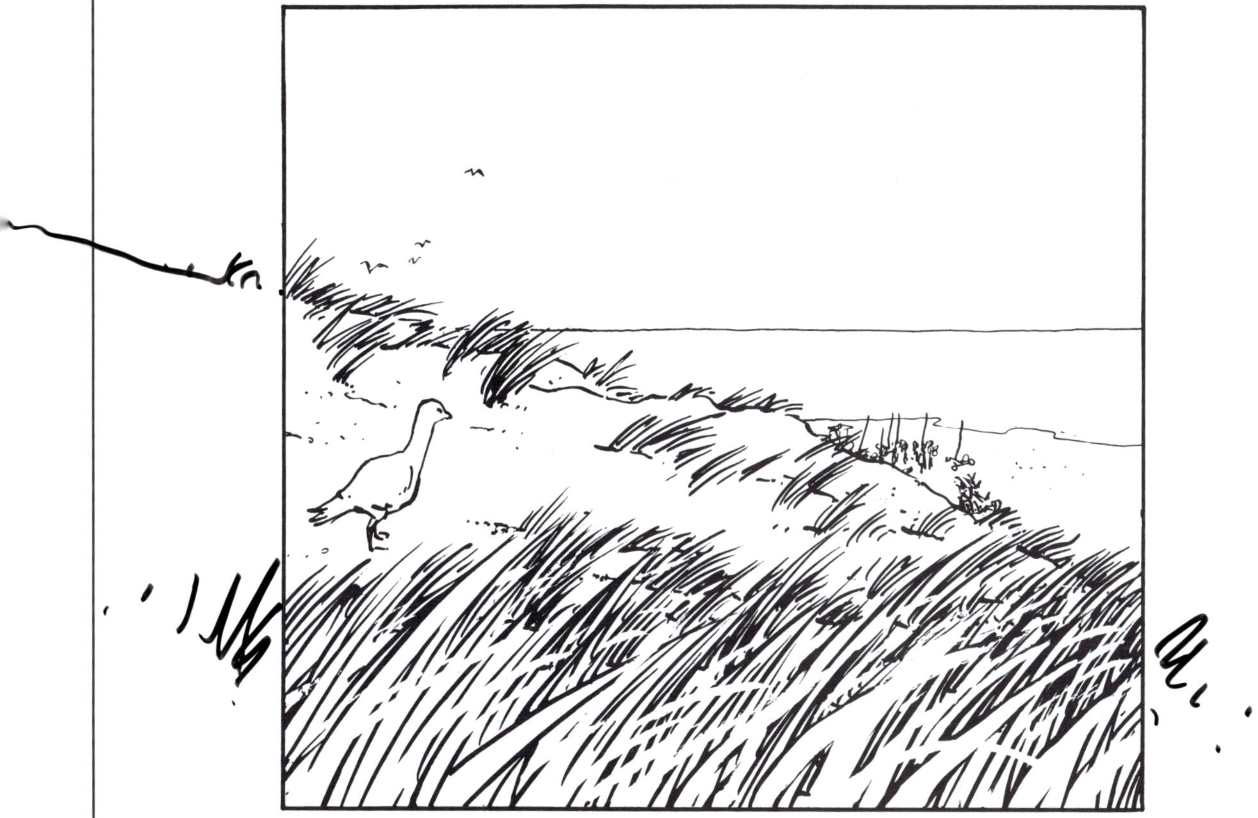

Winoc

Ch. Jailloux

Jailloux EDITIONS

Les auteurs remercient Bertrand Lambert,
champion du monde de char à voile,
recordman du monde de vitesse :
151,55 km/h - à Berck, en 1991-
pour sa collaboration technique.

Dépôt légal : octobre 2000
ISBN : 2-9514342-1-9
© Jailloux EDITIONS, 2000
www.multimania.com/jailloux editions
Tous droits réservés
imprimé à Arras par l'imprimerie Chartrez.

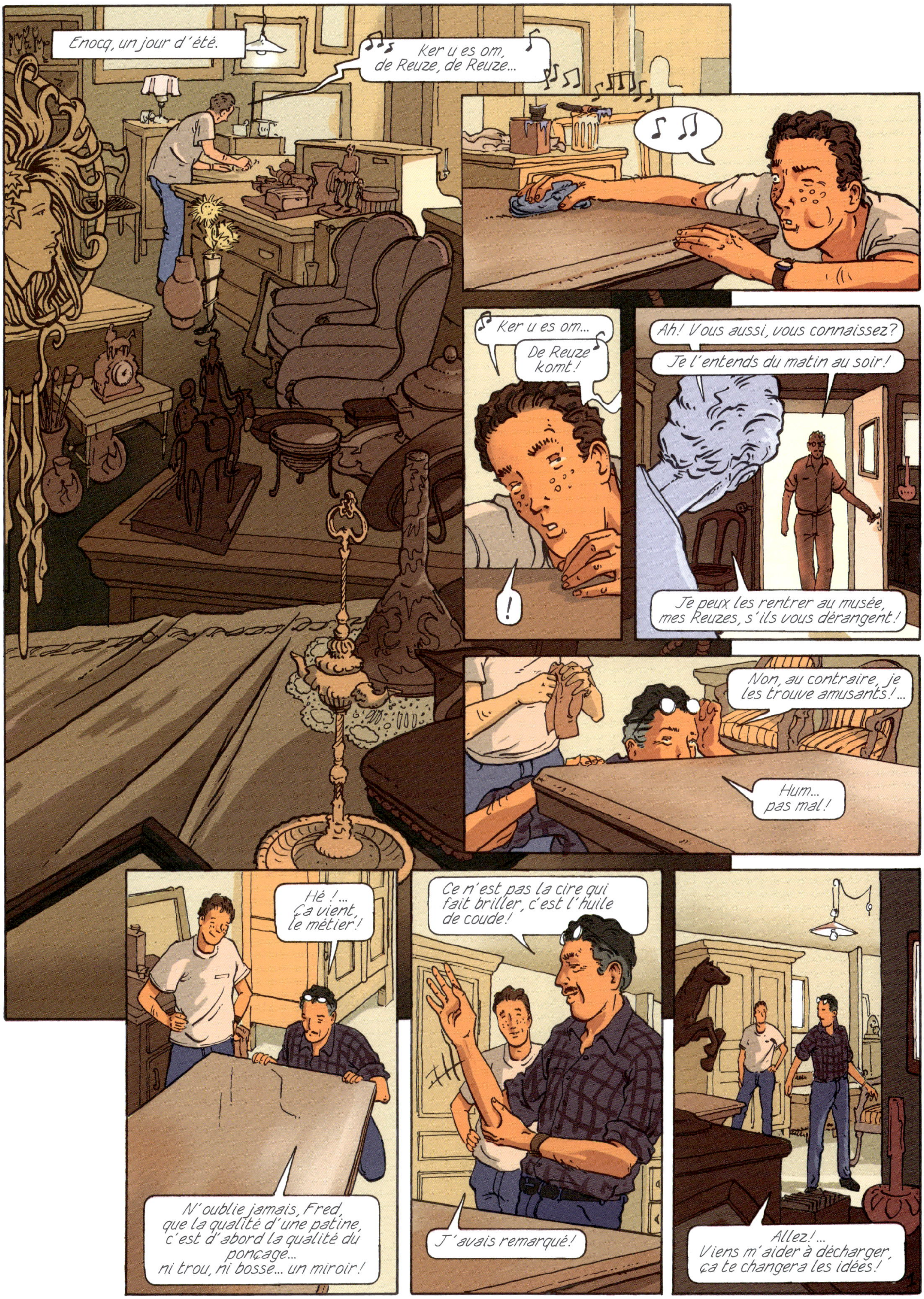
Enocq, un jour d'été.
Ker u es om,
de Reuze, de Reuze...
Ker u es om...
De Reuze
komt!
!
Ah! Vous aussi, vous connaissez?
Je l'entends du matin au soir!
Je peux les rentrer au musée,
mes Reuzes, s'ils vous dérangent!
Non, au contraire, je
les trouve amusants!...
Hum...
pas mal!
Hé !...
Ça vient,
le métier!
N'oublie jamais, Fred,
que la qualité d'une patine,
c'est d'abord la qualité du
ponçage...
ni trou, ni bosse... un miroir!
Ce n'est pas la cire qui
fait briller, c'est l'huile
de coude!
J'avais remarqué!
Allez!...
Viens m'aider à décharger,
ça te changera les idées!

Et voilà! Une matinée de travail!
Où est-ce que vous avez déniché tout cela?
Le métier, mon petit, le métier!... et le tien, c'est d'apprendre à remettre en état!
Sans vouloir vous décevoir, Monsieur Vardel, je me contenterai d'un job d'été!... Pour être un vrai pro, il me faudrait plus d'huile de coude!
J. VARDEL
Ah là, là!... Une génération d'assistés... Plus aucun courage pour les tâches fatigantes!... Allez, on commence par la table!
J. VARDEL
brocante, caves & greniers
ferme des Mollières, Enocq
On pose!
D'où viennent tous ces trucs, Monsieur Vardel?
Oh!... Il ne faut pas chercher bien loin pour trouver de belles choses, tu sais!
Dans la région, il y a des fils à papa qui ont des châteaux et de très gros problèmes d'argent... alors ils vendent.
On pose!
Il suffit d'être là, de connaître leurs besoins et de les amener à baisser les prix!
Tiens! Regarde un peu cet ange en bois verni... Une merveille!... Mille francs! J'en tirerai trois à quatre mille avec un peu de nettoyage!
Waoh!... Vous me laisseriez le remettre en état?

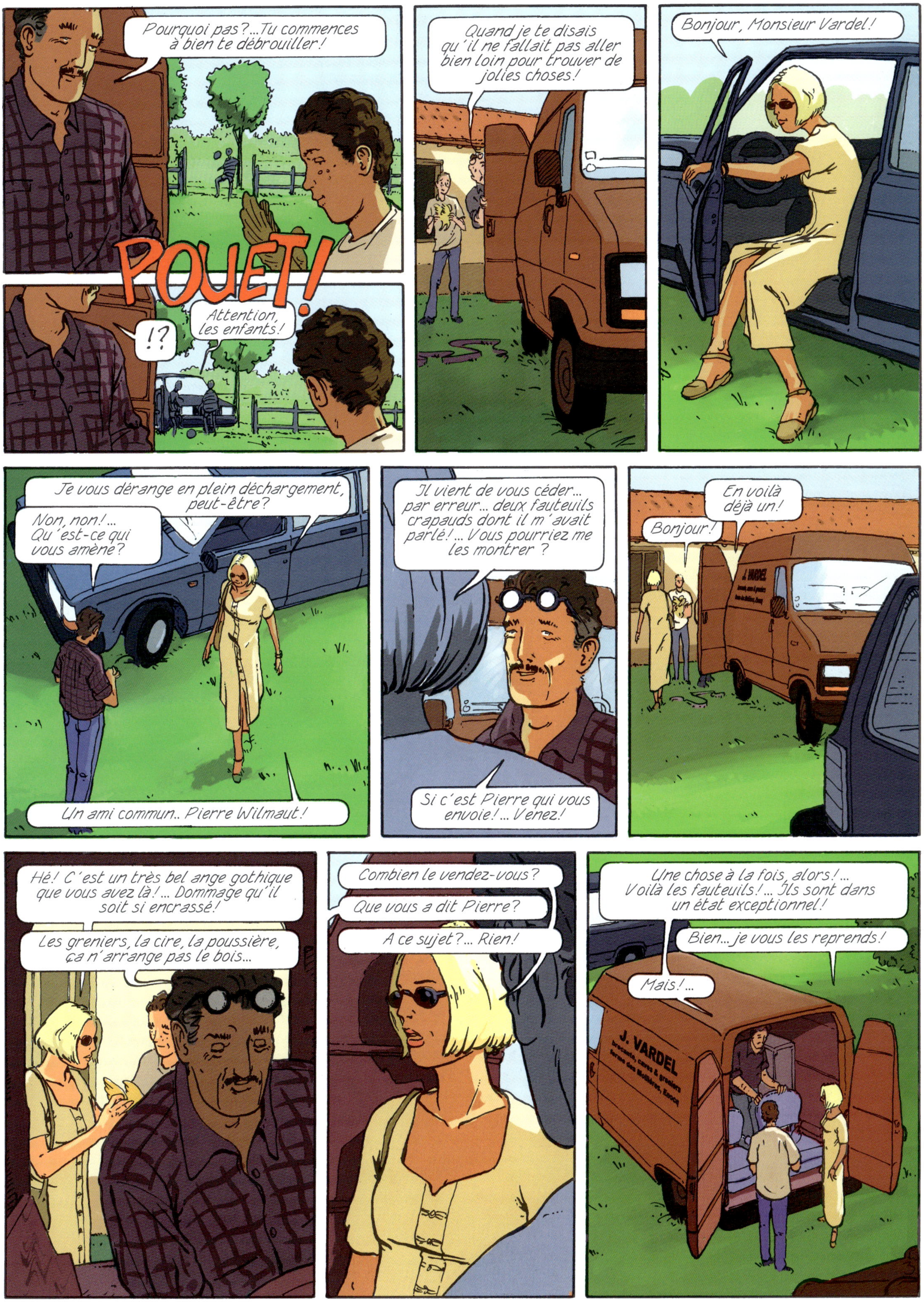

Pourquoi pas?...Tu commences à bien te débrouiller!
POUET!
!?
Attention, les enfants!
Quand je te disais qu'il ne fallait pas aller bien loin pour trouver de jolies choses!
Bonjour, Monsieur Vardel!
Je vous dérange en plein déchargement, peut-être?
Non, non!... Qu'est-ce qui vous amène?
Un ami commun.. Pierre Wilmaut!
Il vient de vous céder... par erreur... deux fauteuils crapauds dont il m'avait parlé!... Vous pourriez me les montrer ?
Si c'est Pierre qui vous envoie!... Venez!
En voilà déjà un!
Bonjour!
J. VARDEL
Hé! C'est un très bel ange gothique que vous avez là!... Dommage qu'il soit si encrassé!
Les greniers, la cire, la poussière, ça n'arrange pas le bois...
Combien le vendez-vous?
Que vous a dit Pierre?
A ce sujet?... Rien!
Une chose à la fois, alors!... Voilà les fauteuils!... Ils sont dans un état exceptionnel!
Bien... je vous les reprends!
Mais!...
J. VARDEL

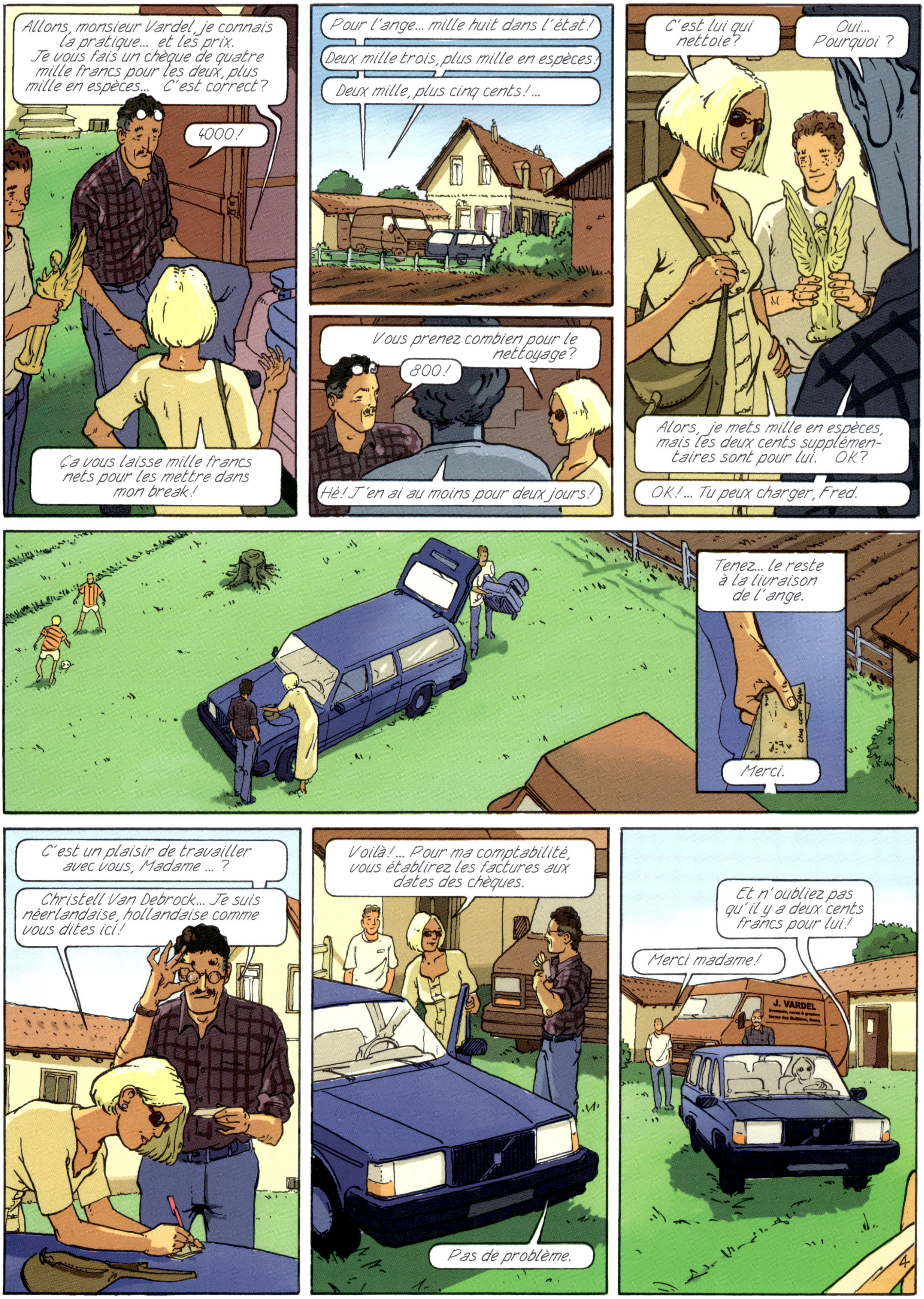
Allons, monsieur Vardel, je connais la pratique... et les prix. Je vous fais un chèque de quatre mille francs pour les deux, plus mille en espèces... C'est correct ?
4000 !
Ça vous laisse mille francs nets pour les mettre dans mon break !
Pour l'ange... mille huit dans l'état !
Deux mille trois, plus mille en espèces !
Deux mille, plus cinq cents ! ...
Vous prenez combien pour le nettoyage ?
800 !
Hé ! J'en ai au moins pour deux jours !
C'est lui qui nettoie ?
Oui... Pourquoi ?
Alors, je mets mille en espèces, mais les deux cents supplémentaires sont pour lui. OK ?
OK ! ... Tu peux charger, Fred.
Tenez... le reste à la livraison de l'ange.
Merci.
C'est un plaisir de travailler avec vous, Madame ... ?
Christell Van Debrock... Je suis néerlandaise, hollandaise comme vous dites ici !
Voilà ! ... Pour ma comptabilité, vous établirez les factures aux dates des chèques.
Pas de problème.
Et n'oubliez pas qu'il y a deux cents francs pour lui !
Merci madame !
J. VARDEL

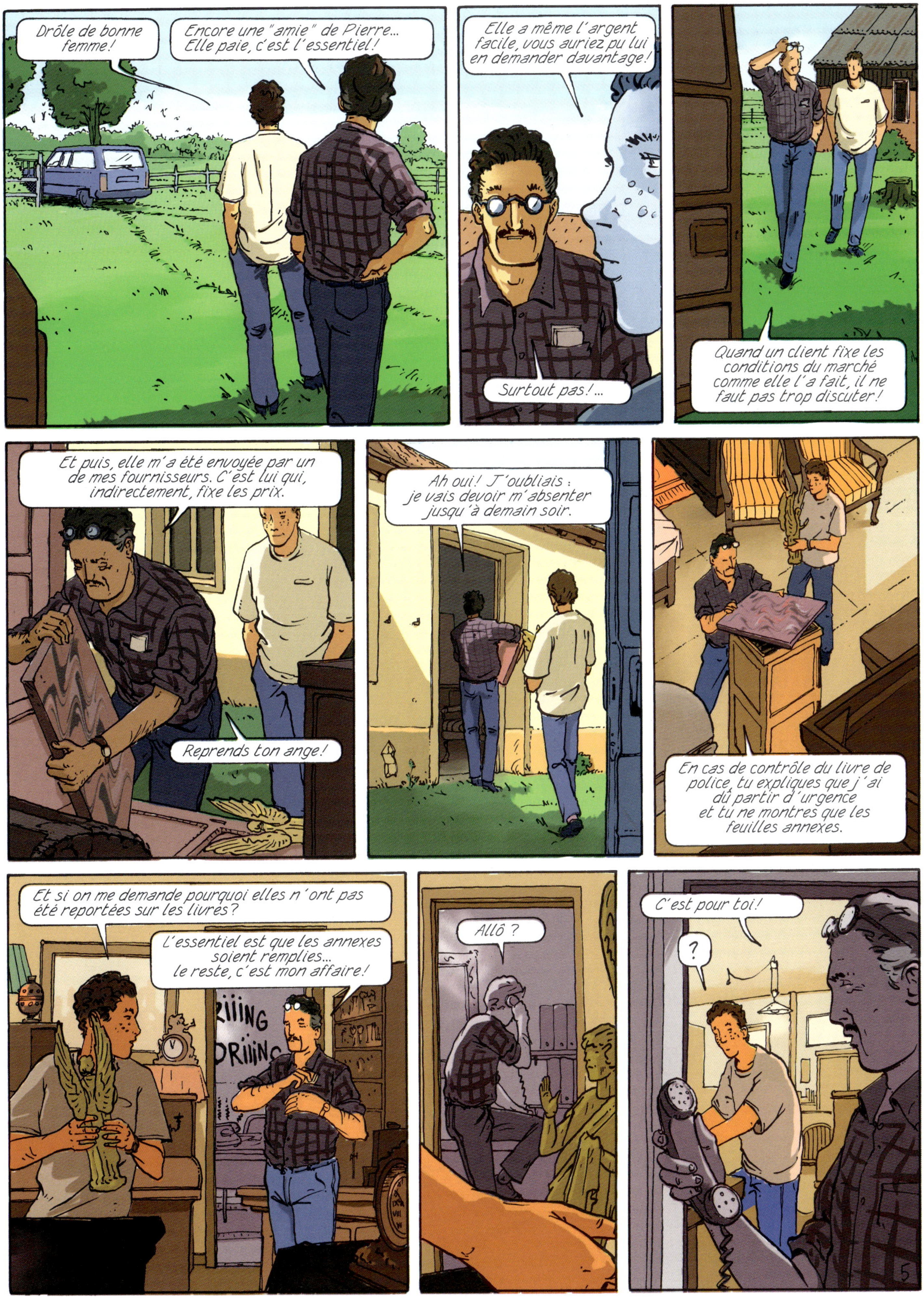

Drôle de bonne femme!
Encore une "amie" de Pierre... Elle paie, c'est l'essentiel!
Elle a même l'argent facile, vous auriez pu lui en demander davantage!
Surtout pas!...
Quand un client fixe les conditions du marché comme elle l'a fait, il ne faut pas trop discuter!
Et puis, elle m'a été envoyée par un de mes fournisseurs. C'est lui qui, indirectement, fixe les prix.
Reprends ton ange!
Ah oui! J'oubliais : je vais devoir m'absenter jusqu'à demain soir.
En cas de contrôle du livre de police, tu expliques que j'ai dû partir d'urgence et tu ne montres que les feuilles annexes.
Et si on me demande pourquoi elles n'ont pas été reportées sur les livres?
L'essentiel est que les annexes soient remplies... le reste, c'est mon affaire!
DRIIING
DRIIING
Allô ?
C'est pour toi!
?
5

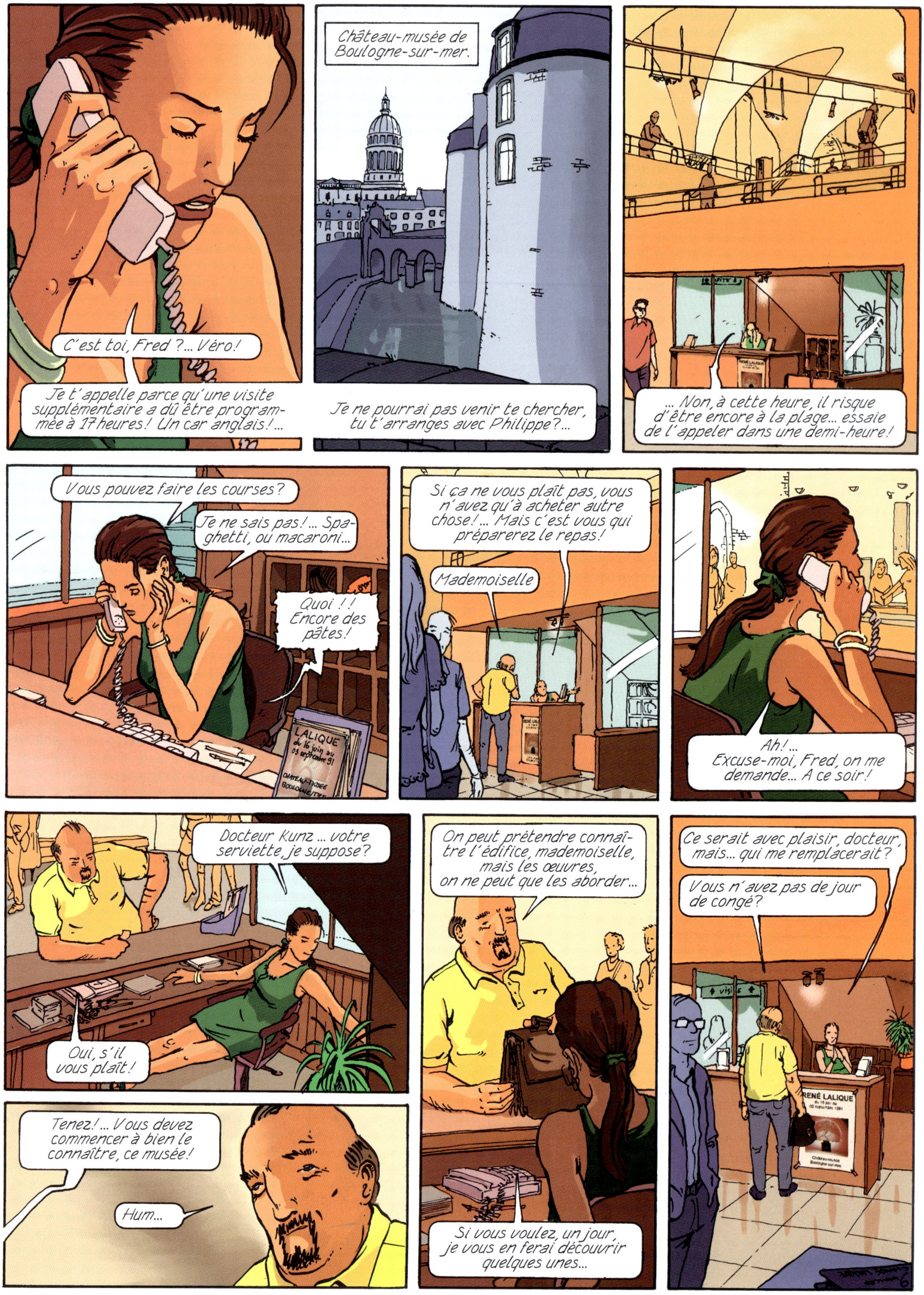
C'est toi, Fred ?... Véro!
Je t'appelle parce qu'une visite supplémentaire a dû être programmée à 17 heures! Un car anglais!...
Château-musée de Boulogne-sur-mer.
Je ne pourrai pas venir te chercher, tu t'arranges avec Philippe?...
... Non, à cette heure, il risque d'être encore à la plage... essaie de l'appeler dans une demi-heure!
Vous pouvez faire les courses?
Je ne sais pas!... Spaghetti, ou macaroni...
Quoi !! Encore des pâtes!
Si ça ne vous plaît pas, vous n'avez qu'à acheter autre chose!... Mais c'est vous qui préparerez le repas!
Mademoiselle
Ah!... Excuse-moi, Fred, on me demande... A ce soir!
Docteur Kunz ... votre serviette, je suppose?
Oui, s'il vous plaît!
Tenez!... Vous devez commencer à bien le connaître, ce musée!
Hum...
On peut prétendre connaître l'édifice, mademoiselle, mais les œuvres, on ne peut que les aborder...
Si vous voulez, un jour, je vous en ferai découvrir quelques unes...
Ce serait avec plaisir, docteur, mais... qui me remplacerait?
Vous n'avez pas de jour de congé?
RENÉ LALIQUE

Si, mais j'aime mieux les passer sur la plage!
Vous savez, je suis enfermée ici toute la journée pendant que mon copain donne des cours de char à voile à Berck... alors... si je ne veux pas paraître trop pâle à côté de lui...
Oh! Je vois!
Dans ce cas, si vous préférez, je fais une conférence sur Mariette, dans une quinzaine de jours... le soir!
Ah! Ça, c'est possible!
Parfait! Je compte sur vous, alors... Au revoir, mademoiselle!
Au revoir, docteur!
Excuse mon retard, Fred, mais ça a bardé au club!
Ah!
Tu as écouté les infos?
Non, pourquoi ?
Christophe Bertrand a reçu son nouveau char à voile!
Cachottier!! Tu ne nous l'avais pas dit!
On ne l'a appris qu'aujourd'hui ... par la radio... Christophe voulait faire ses essais dans la plus grande discrétion, mais il y a eu des fuites.

Il nous a donc donné rendez-vous demain, à six heures du matin. La mer sera basse, le vent assez fort, et les vacanciers pas encore réveillés! Je pense qu'il va tenter quelque chose.
Tu crois que je pourrais t'accompagner?
Tu peux toujours essayer. Véro ne travaille qu'à dix heures demain, elle viendra te chercher.
TOUQUET MARCHÉ
... Tu sais ce qu'il faut acheter?
J'ai fait une liste...
ENCORE MOINS CHER
MOINS CHER
charcuterie
fromages
Pain...
eau...
oeufs...
fromage...
savon...
Riz...
dentifrice...
Quoi, comme fromage?
Camembert...
bananes...
jambon.
231,10 francs!
231,10 francs!!!
Eh bien, Philippe, tu paies?
Comment ça, je paie?...
C'est à toi que Véro a demandé de faire les achats!
Mettez-vous d'accord, on attend derrière vous!
Bon!...
C'est insensé! Vouloir remplir un caddie avec juste dix francs en poche!

Et toi !... Avec juste une carte de téléphone !
Hé, atten...
!
SPLATCH
...tion !
Toi !
Vous !
?!?
Oups !... Excusez-moi, j'étais distraite.
Ce... ce n'est rien !...
Le monde est petit, décidément !... Fred, c'est cela ?
Euh, oui... je...
Je vous présente Philippe, l'ami de ma soeur, Véro.
Enchantée !
Madame Christell Van Del... Van Der...
Van Debrock !... Appelle moi Christell, ce sera plus simple !
Je suis vraiment désolée pour les oeufs, tu dois en avoir plein les doigts.
Effectivement !
Mon magasin est dans le centre ville. Tu peux t'y laver les mains, si tu veux !... A moins que vous n'habitiez plus près.
Non, nous avons loué une petite maison de pêcheur, à Etaples.
Alors venez, suivez-moi !
ANTIQUITÉS
C'est ici !
9

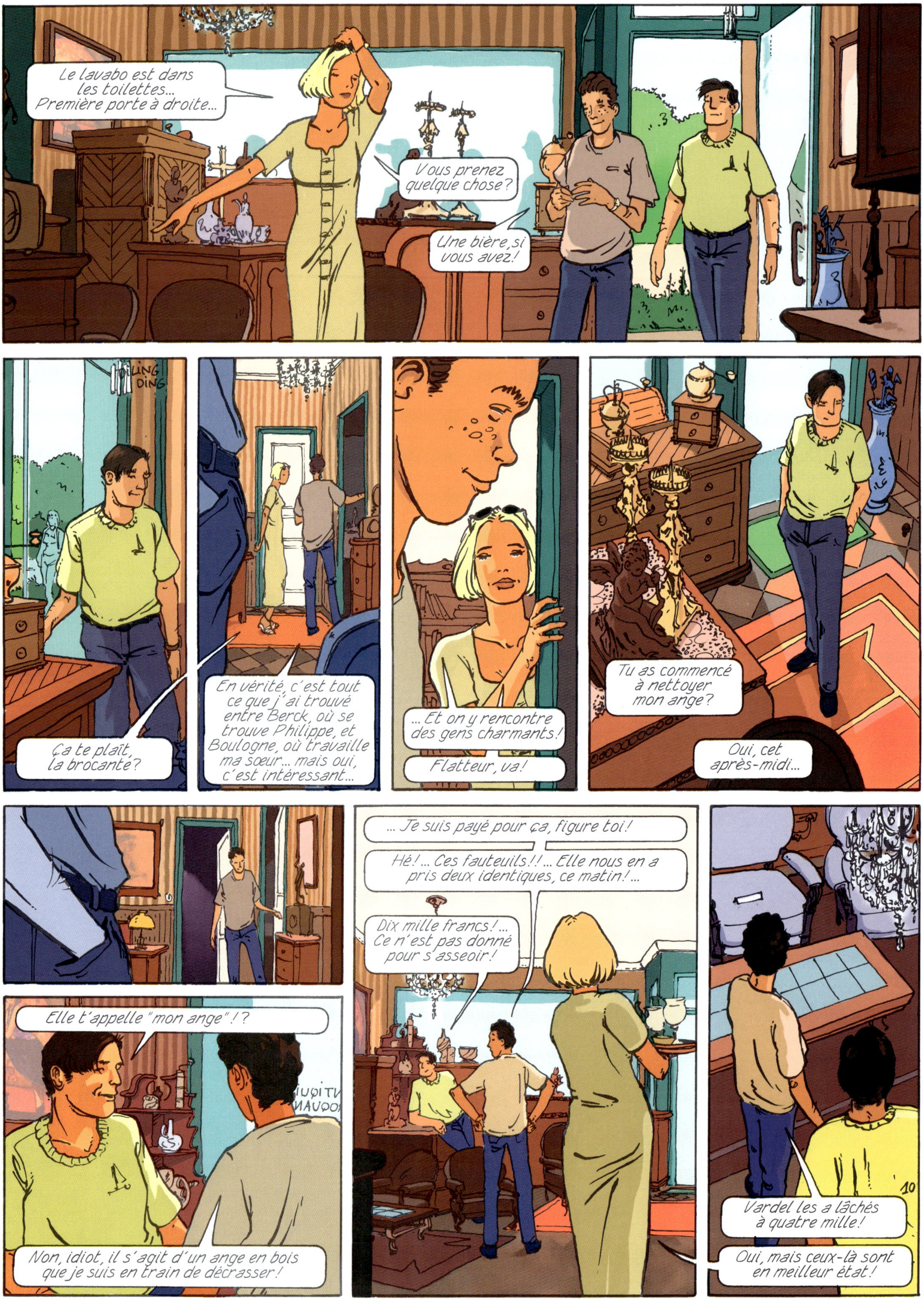

Le lavabo est dans les toilettes... Première porte à droite...
Vous prenez quelque chose?
Une bière, si vous avez!
DING DING
Ça te plaît, la brocante?
En vérité, c'est tout ce que j'ai trouvé entre Berck, où se trouve Philippe, et Boulogne, où travaille ma sœur... mais oui, c'est intéressant...
...Et on y rencontre des gens charmants!
Flatteur, va!
Tu as commencé à nettoyer mon ange?
Oui, cet après-midi...
Elle t'appelle "mon ange"!?
Non, idiot, il s'agit d'un ange en bois que je suis en train de décrasser!
...Je suis payé pour ça, figure toi!
Hé!... Ces fauteuils!!... Elle nous en a pris deux identiques, ce matin!...
Dix mille francs!... Ce n'est pas donné pour s'asseoir!
Vardel les a lâchés à quatre mille!
Oui, mais ceux-là sont en meilleur état!

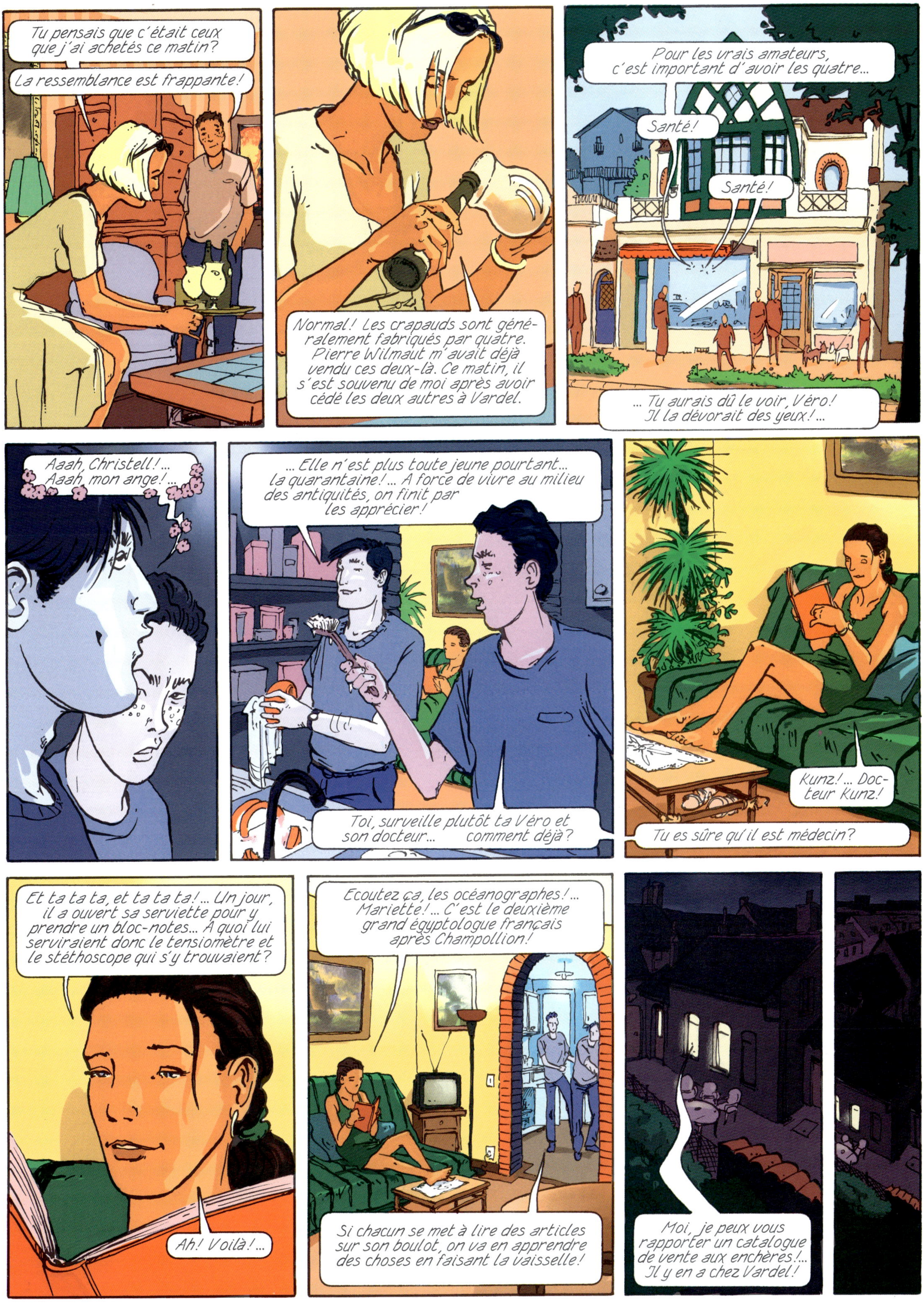

Tu pensais que c'était ceux que j'ai achetés ce matin?
La ressemblance est frappante!
Normal! Les crapauds sont généralement fabriqués par quatre. Pierre Wilmaut m'avait déjà vendu ces deux-là. Ce matin, il s'est souvenu de moi après avoir cédé les deux autres à Vardel.
Pour les vrais amateurs, c'est important d'avoir les quatre...
Santé!
Santé!
... Tu aurais dû le voir, Véro! Il la dévorait des yeux!...
Aaah, Christell!... Aaah, mon ange!...
... Elle n'est plus toute jeune pourtant... la quarantaine!... A force de vivre au milieu des antiquités, on finit par les apprécier!
Toi, surveille plutôt ta Véro et son docteur... comment déjà?
Kunz!... Docteur Kunz!
Tu es sûre qu'il est médecin?
Et ta ta ta, et ta ta ta!... Un jour, il a ouvert sa serviette pour y prendre un bloc-notes... À quoi lui serviraient donc le tensiomètre et le stéthoscope qui s'y trouvaient?
Ah! Voilà!...
Ecoutez ça, les océanographes!... Mariette!... C'est le deuxième grand égyptologue français après Champollion!
Si chacun se met à lire des articles sur son boulot, on va en apprendre des choses en faisant la vaisselle!
Moi, je peux vous rapporter un catalogue de vente aux enchères!... Il y en a chez Vardel!

WAOUH!
Il est passé à combien, là?
Je ne sais pas! ... il ne doit pas être loin des 120 km/h!
Fréquence Nord. 8h00... Les informations, Pascale Khal...
Bonjour! ... Premiers essais du char à voile de l'avenir... Ce matin, à l'aube, Christophe Bertrand a atteint la vitesse de 131 km/h sur la plage de Berck...
... ce qui constitue déjà la meilleure performance mondiale de l'année.
Halte mademoiselle!!... Sécurité! On ne passe pas!
Fais le malin!
?
12

Qu'est-ce que tu en penses, Fred?... Nos estomacs pourraient enfin prendre un peu de vacances!
Ouais!
Pff!
Si vous vous levez encore une fois à cinq heures l'un des rares jours où je peux faire la grasse matinée, je... je ne prépare plus un seul repas!
Ah!... Il revient!
F307
Christophe, avec l'aide des élèves de l'Ecole Centrale, a conçu un char qui devrait lui permettre de rouler à trois fois la vitesse du vent, et de battre son propre record du monde en dépassant les 150 km/h.
On y va, Fred ?
OK!
... Bonne chance, Christophe!...
Bonne journée, Véro!
Bonne journée!
BIZ
... Après les châteaux de Colembert et d'Esne, c'est le château de Liette qui a été visité cette nuit par des cambrioleurs...
13

... La police n'exclut pas la thèse d'une bande organisée travaillant sur commande...
... La météo...
Braque, André!
Braque!...
Braque!...
Stop!
Ciao, Véro!
Ciao!
Bonjour, monsieur Rossignol!
Salut, Fred!... Vardel n'est pas là?
Il rentre ce soir.
Ah!... Braque, André!
Mais braque, nom de nom! Tu ne rentreras jamais dans le hangar!!
Je ne fais que ça, braquer!... Qu'est-ce que tu crois?... Que je m'amuse?...
Bonjour, mademoiselle!... Je vous laisse ma serviette?
Comme d'habitude!
Vous savez, docteur Kunz, vous devriez prendre une carte des amis du musée. Elle vous donne une gratuité d'entrée permanente.
Vous avez raison, je vais y songer.
Voilà!... Vous pouvez vous joindre aux visiteurs de 10 h 30, si vous voulez.
En fait, je viens seulement donner quelques explications supplémentaires au groupe de Madame Dormeville, à propos de Mariette!
Oh! Dépêchez-vous, alors! La visite est déjà commencée.

Bonjour, Eve!
Ah! Docteur Kunz!... Nous allions justement aborder les salles égyptiennes!
Parfait! Eh bien, allons-y!
Hem... Pour beaucoup de profanes, l'égyptologie commence avec Champollion et s'achève avec la découverte du tombeau de Toutankhamon par Lord Carnavon et Carter, en 1922...
... Cette vision inexacte occulte toutes les découvertes réalisées entre ces deux périodes, mais a le mérite de mobiliser notre imagination sur ces moments forts de l'égyptologie...
QUE
... sans lesquels personne, en dehors des connaisseurs, ne se serait intéressé à la civilisation des pharaons!
Quant à Auguste Mariette, né à Boulogne en 1821...
R. LALIQUE
WOOOUUUUUUUU
... Il n'a que trois ans quand Champollion déchiffre la Pierre de Rosette...
... et meurt à 60 ans, au Caire, après avoir dégagé et sauvegardé les grands sites d'Egypte et de Nub...
??
!?
!!

!
WUUUUUUuuuuUUUUuuuuuu...
Seigneur !!... Mme Dumont!
Je vais l'examiner... Voici mon ticket!... Allez chercher ma serviette, s'il vous plaît!
Bien!
Et dépêchez-vous!
Pardon!
Pardon!
Elle a une contusion derrière le crâne, ... peut-être due à la chute.
?
Pardon!
Hep!... Vous!! ... Arrêtez le!
Laissez le, M. le Conservateur, il va chercher la serviette du docteur Kunz.
Ah!... Bon!...
Faites évacuer la salle!... Rassemblez tous les visiteurs dans le hall d'entrée!...
Bouclez toutes les issues!...
Vérifiez sur le registre les entrées de ce matin!
Et contrôlez les billets!... Surtout, pas d'affolement!...
C'est Mme. Dumont, Monsieur le Conservateur!... Elle fait partie de mon groupe!
Sortez!... S'il vous plaît!
... Ça, par exemple!...
Quelque chose a disparu?
Un Lalique... un vase!
Une pièce rare?
Significative plutôt!...
!?!
Je vous ai prié de sortir...
Oh! Excusez-moi!
Docteur
Docteur, votre serviette.
Merci!
16

Restez calme, Madame Dumont, ça va aller.
Ah ! La sirène s'est tue !... Les issues sont donc bloquées !
La police ne devrait plus tarder !
Il me faut ausculter cette dame, Monsieur le Conservateur... Vous pourriez sortir quelques instants ?
C'est contraire à mon règlement, docteur !... Je vais me mettre à l'écart.
Ça ira.
L'inspecteur Lambert, monsieur !
Bien !... J'ai terminé ! J'accompagnerai Mme Dumont aux urgences, avec les pompiers.
Merci, docteur... ne vous dérangez pas...
Voyons, Madame, c'est mon métier !... Ne bougez pas !
Bonjour, Inspecteur !
Si vous appelez ça un bon jour, Monsieur le Conservateur...
A partir de maintenant, je prends l'affaire en mains.
Allez-y !
OK !
?
Qui est cet homme ?
Le docteur Kunz, inspecteur. Il a examiné la victime et l'accompagne à l'hôpital.
Parfait !... A chacun son travail... Vous avez la liste des personnes présentes ?

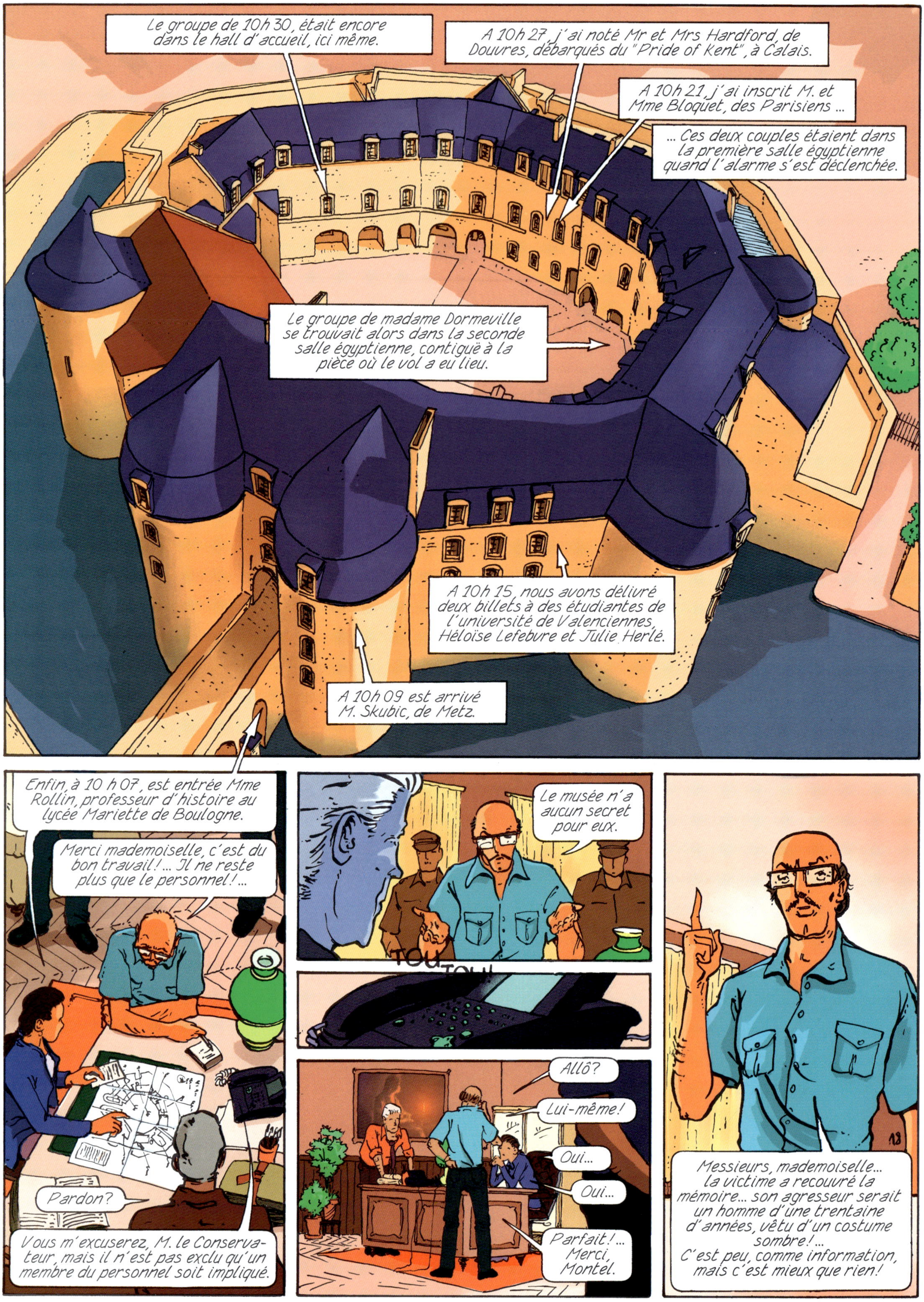
Le groupe de 10h30, était encore dans le hall d'accueil, ici même.
A 10h27, j'ai noté Mr et Mrs Hardford, de Douvres, débarqués du "Pride of Kent", à Calais.
A 10h21, j'ai inscrit M. et Mme Bloquet, des Parisiens ...
... Ces deux couples étaient dans la première salle égyptienne quand l'alarme s'est déclenchée.
Le groupe de madame Dormeville se trouvait alors dans la seconde salle égyptienne, contiguë à la pièce où le vol a eu lieu.
A 10h15, nous avons délivré deux billets à des étudiantes de l'université de Valenciennes, Héloïse Lefebvre et Julie Herlé.
A 10h09 est arrivé M. Skubic, de Metz.
Enfin, à 10 h 07, est entrée Mme Rollin, professeur d'histoire au lycée Mariette de Boulogne.
Merci mademoiselle, c'est du bon travail!... Il ne reste plus que le personnel!...
Pardon?
Vous m'excuserez, M. le Conservateur, mais il n'est pas exclu qu'un membre du personnel soit impliqué.
Le musée n'a aucun secret pour eux.
TOU TOU!
Allô?
Lui-même!
Oui...
Oui...
Parfait!... Merci, Montel.
Messieurs, mademoiselle... la victime a recouvré la mémoire... son agresseur serait un homme d'une trentaine d'années, vêtu d'un costume sombre!... C'est peu, comme information, mais c'est mieux que rien!

Et alors?
Alors rien! Les seules personnes correspondant à cette description sont deux gardiens!...
Le premier était avec moi dans le hall d'entrée, et le second est en congé dans le Sud!... L'inspecteur a vérifié.
Madame Dumont a peut-être affabulé, ou alors elle ne veut pas compromettre quelqu'un de son groupe qu'elle a parfaitement reconnu!
En tout cas, ton vase se trouve encore dans le musée, c'est certain! ... Vous avez fouillé les réserves?
EOLE CLUB
Le conservateur veut faire un inventaire complet!
Vous allez peut-être découvrir des vides dans les collections... Il y a des brocantes qui sont approvisionnées comme cela!
A quoi il ressemble, ton vase?
D'abord, si c'était mon vase, on aurait de quoi varier nos repas!...
Ensuite, et pour satisfaire votre curiosité, je vous en ai apporté une photocopie.
Tenez !
Tourterelles
vase avec couvercle, 1920,
(28 cm), Galerie Moderne
"Tourterelles". C'est un vase Lalique monochrome, de la série des animaux, de 1920. Il fait 28 cm de haut et il est répertorié, donc difficilement revendable.
Pfff!... Des trucs comme ça, je vous en fais sortir du musée tous les jours ... par du personnel d'entretien ... au nez et à la barbe des gardiens... dans un simple seau d'eau sale!...
19
Quelqu'un reprend-il des pâtes ?

Une semaine plus tard.
Cet ange est magnifique! Je crois que je vais le conserver pour ma collection!
Je dois encore combien?
1500?
Attendez, Christell, c'est avec Vardel que vous avez passé le marché, pas avec moi. Il est parti en Auvergne débarrasser un grenier... Il rentrera demain soir.
Tu me laisses quand même prendre la statuette?
Vardel ne serait pas d'accord... Et il vous a attendue avant-hier!
Fred, s'il te plaît... Allez, tu viens avec l'ange chez moi, au Touquet, et je te remets un chèque que Vardel m'échangera à son retour, contre des espèces...
CLIC!
Ce soir, je reçois une amie à qui j'ai promis de le montrer... Tu ne vas pas m'obliger à la décevoir!
CLIC!
D'accord!... A 19h00, je ferme et je vous accompagne!
CLIC!
Tu peux me tutoyer, Fred!...
Je... je l'emballe! Juste le temps de passer un coup de fil pour demander à Philippe de me reprendre chez v... Chez toi!
Dis lui 20h00, ça nous laissera le temps de prendre un drink!

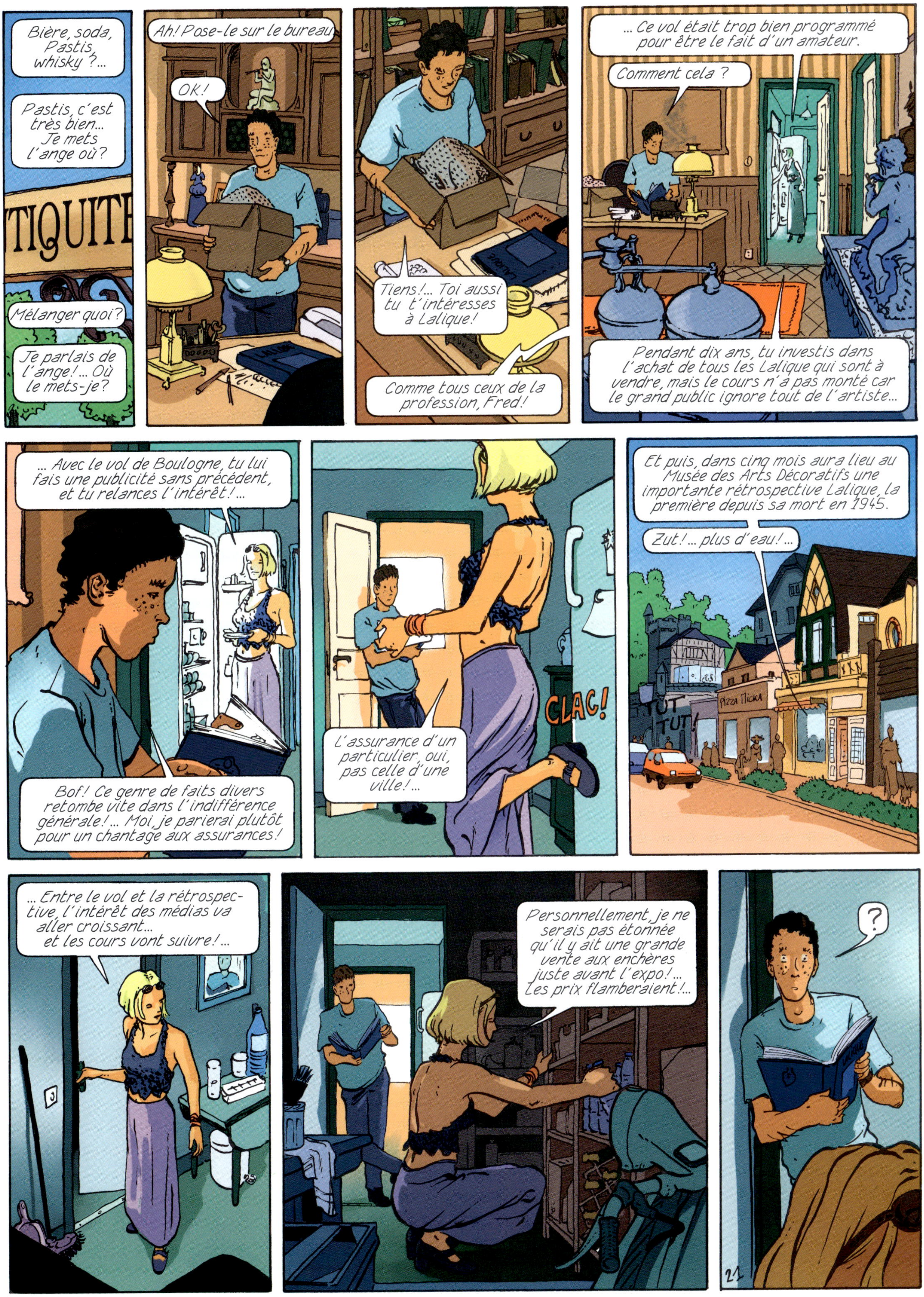
Bière, soda, Pastis, whisky ?...
Pastis, c'est très bien... Je mets l'ange où ?
TIQUITE
Mélanger quoi ?
Je parlais de l'ange !... Où le mets-je ?
Ah ! Pose-le sur le bureau
OK !
Tiens !... Toi aussi tu t'intéresses à Lalique !
Comme tous ceux de la profession, Fred !
... Ce vol était trop bien programmé pour être le fait d'un amateur.
Comment cela ?
Pendant dix ans, tu investis dans l'achat de tous les Lalique qui sont à vendre, mais le cours n'a pas monté car le grand public ignore tout de l'artiste...
... Avec le vol de Boulogne, tu lui fais une publicité sans précédent, et tu relances l'intérêt !...
Bof ! Ce genre de faits divers retombe vite dans l'indifférence générale !... Moi, je parierai plutôt pour un chantage aux assurances !
L'assurance d'un particulier, oui, pas celle d'une ville !...
CLAC !
Et puis, dans cinq mois aura lieu au Musée des Arts Décoratifs une importante rétrospective Lalique, la première depuis sa mort en 1945.
Zut !... plus d'eau !...
TUT TUT
PIZZA NICKA
... Entre le vol et la rétrospective, l'intérêt des médias va aller croissant... et les cours vont suivre !...
Personnellement, je ne serais pas étonnée qu'il y ait une grande vente aux enchères juste avant l'expo !... Les prix flamberaient !...
?

Wouah!! Elle est à toi, la Vespa?... J'en voulais une pour mon bac, mais impossible d'en trouver!...
Tu la vends combien?
!
Voyons, Fred, c'est mon scooter... mes souvenirs de jeunesse!...
TUT TUT TUT
Ah!... oui, excuse-moi!
Qu'est-ce qu'il fabrique?...
FRED!!
TUT
Dis, ce ne serait pas l'ami de ta sœur dans la Super 5 ?...
TUT TUT PÔÔÔ
Déjà! Il est à peine 20h00!...
POUET
Zut!...
... Je peux prendre ton bouquin?...
TUT
TUT
Bien sûr!... Et prévois un peu plus de temps quand tu viendras me le rendre!
Promis!... Je me sauve!...
Ah! Quand même!...
TUT POUET TUT
TUT TUT
Hé!... Tu ne vas pas me quitter comme ça ?...
SMAC
Eh bien, il ne perd pas de temps, le novice!
POUET TUT TUT
TUT POUET
PÎÎÎÎÎP!

C'est doux, une peau d'antiquaire?...
Tais-toi, et roule!
TUT TUT
... Et arrête de sourire, Philippe! C'est énervant!!... Zut! J'ai oublié mon chèque!
Ah! Parce qu'en plus, tu te fais payer!... Gigolo, va!
Demi-tour!... Je ne dois pas laisser un objet impayé; si Vardel l'apprend, je vais passer un mauvais quart d'heure!...
OK! Mais quatre bisous à la minute, pas plus! Nous sommes pressés!
Très drôle!!
?!
Suis la "Jag", Philippe!...
592 Q
23

* Voir "L'éclat des Moëres"

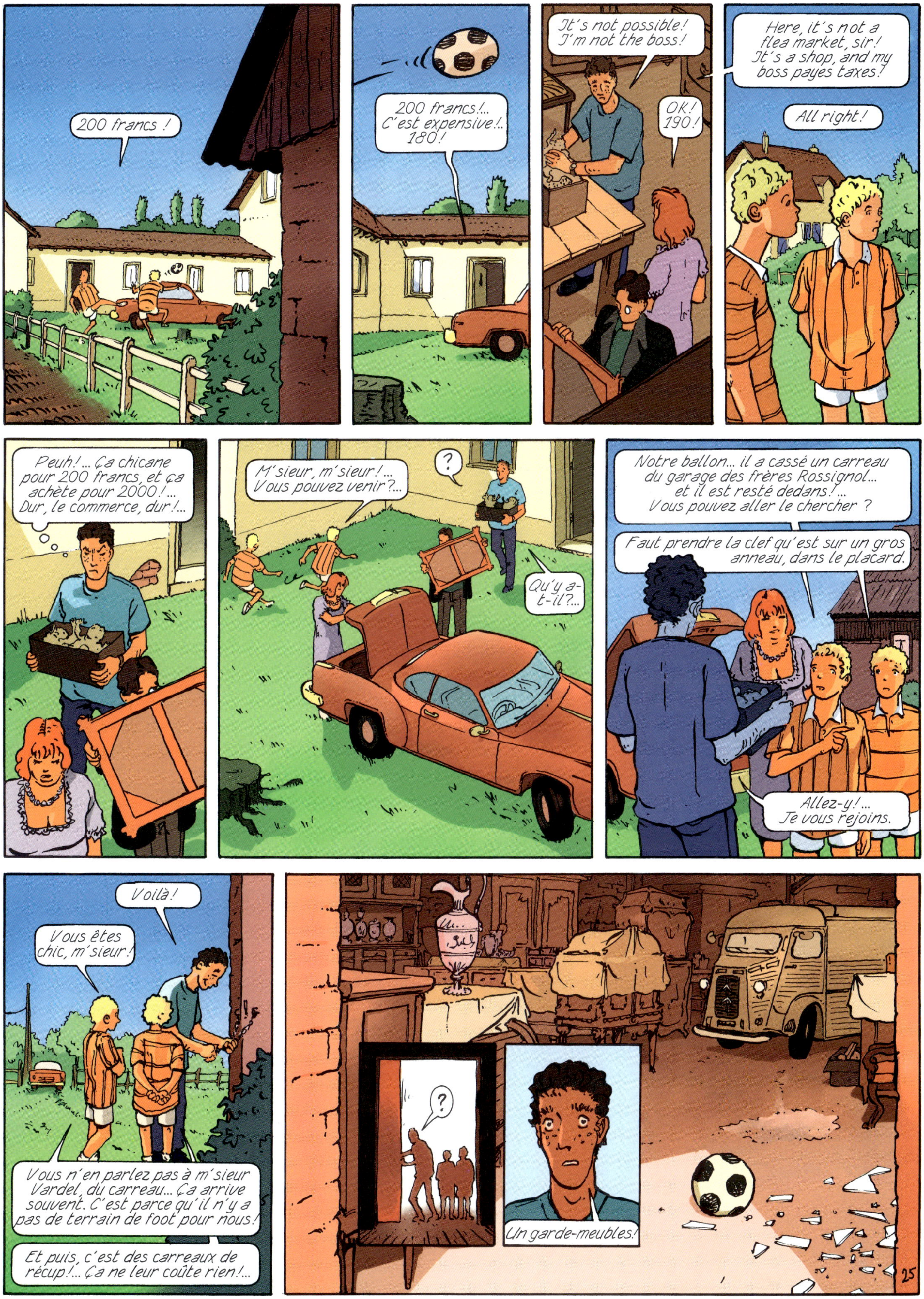
200 francs !
200 francs !... C'est expensive !... 180 !
It's not possible ! I'm not the boss !
OK ! 190 !
Here, it's not a flea market, sir ! It's a shop, and my boss payes taxes !
All right !
Peuh ! ... Ça chicane pour 200 francs, et ça achète pour 2000 ! ... Dur, le commerce, dur ! ...
M'sieur, m'sieur ! ... Vous pouvez venir ? ...
?
Qu'y a-t-il ? ...
Notre ballon... il a cassé un carreau du garage des frères Rossignol... et il est resté dedans ! ... Vous pouvez aller le chercher ?
Faut prendre la clef qu'est sur un gros anneau, dans le placard.
Allez-y ! ... Je vous rejoins.
Voilà !
Vous êtes chic, m'sieur !
Vous n'en parlez pas à m'sieur Vardel, du carreau... Ça arrive souvent. C'est parce qu'il n'y a pas de terrain de foot pour nous !
Et puis, c'est des carreaux de récup ! ... Ça ne leur coûte rien ! ...
?
Un garde-meubles !
25

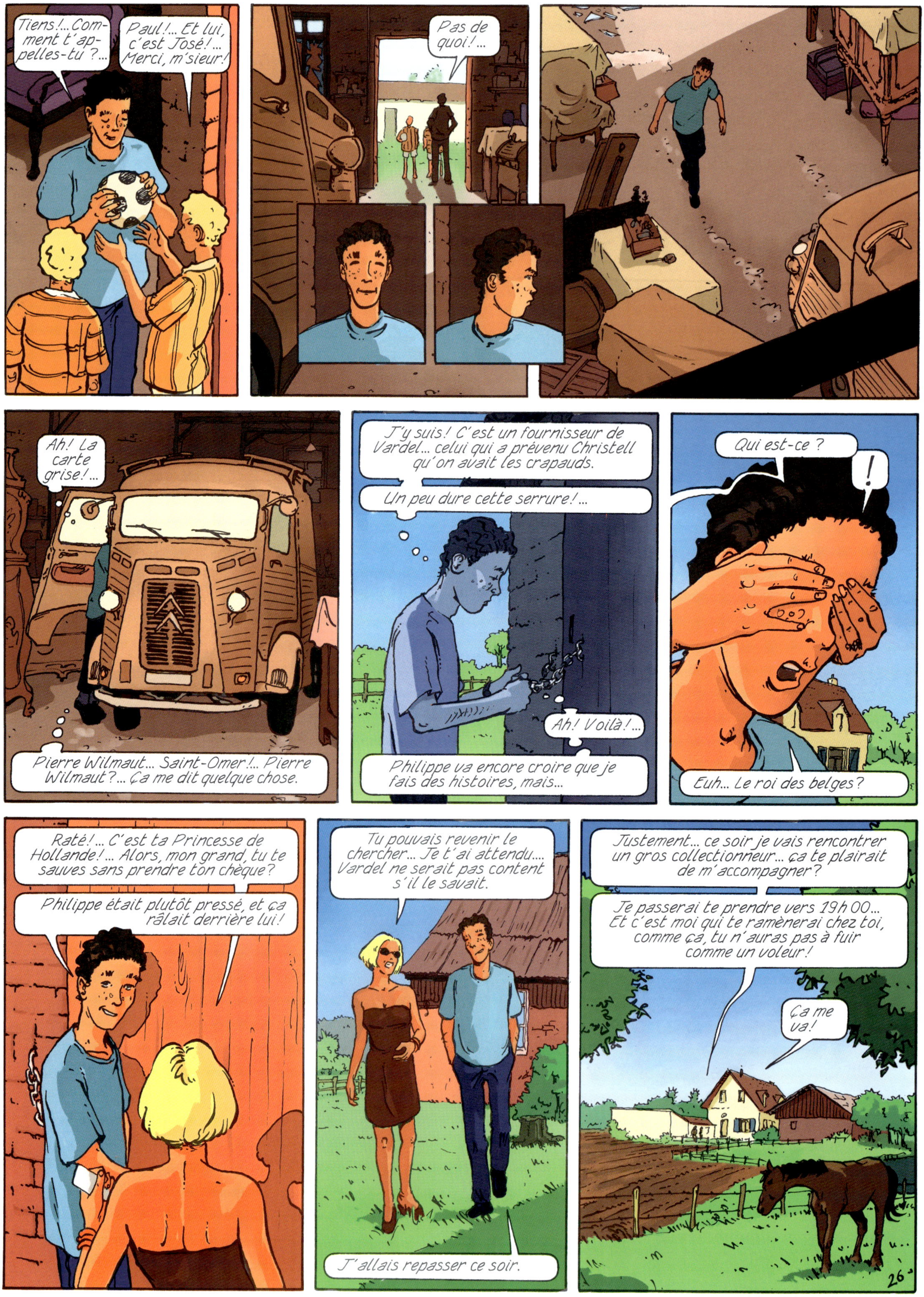
Tiens!... Comment t'appelles-tu ?...
Paul!... Et lui, c'est José!... Merci, m'sieur!
Pas de quoi!...
Ah! La carte grise!...
Pierre Wilmaut... Saint-Omer!... Pierre Wilmaut?... Ça me dit quelque chose.
J'y suis! C'est un fournisseur de Vardel... celui qui a prévenu Christell qu'on avait les crapauds.
Un peu dure cette serrure!...
Ah! Voilà!...
Philippe va encore croire que je fais des histoires, mais...
Qui est-ce ?
!
Euh... Le roi des belges?
Raté!... C'est ta Princesse de Hollande!... Alors, mon grand, tu te sauves sans prendre ton chèque?
Philippe était plutôt pressé, et ça râlait derrière lui!
Tu pouvais revenir le chercher... Je t'ai attendu.... Vardel ne serait pas content s'il le savait.
J'allais repasser ce soir.
Justement... ce soir je vais rencontrer un gros collectionneur... ça te plairait de m'accompagner?
Je passerai te prendre vers 19h00... Et c'est moi qui te ramènerai chez toi, comme ça, tu n'auras pas à fuir comme un voleur!
Ça me va!
26

... Je répète donc : on ne roule que sur du sable dur... Comment sait-on qu'il est dur, le sable ?...
M'sieur ?
Oui, Guy ?
Parce qu'il a une couleur plus foncée et qu'il a été recouvert par la marée précédente.
OK !
Mais il peut y avoir aussi des bancs de sable mou, instable, répartis dans les zones de sable dur... Comment les reconnaît-on ?...
Estelle ?
Ils sont légèrement plus clairs en sommet de bosse et prennent la marque du pied.
EOLE CLUB
OK !
Et que se passe-t-il si vous arrivez trop vite sur un banc de sable mou ?
On s'arrête instantanément !
C'est à dire, Guy ?
Euh... que si on ne s'accroche pas, on passe au-dessus de son char !
AAAAAHH !
AH AH AH AH AH
OK ! C'est bon !... Tout le monde à son char, maintenant ! Vous suivez Philippe !... Rendez-vous ici dans une heure pour faire une mise au point !... GO !
27

D 940
HARDELOT
C'est ici... Tu verras, c'est un homme charmant, très fin connaisseur. Il peut te parler des détails d'une fabrication, des signatures, des poinçons, etc...
!?!
Ça te changera de la brocante... Et pourtant, tu as de la chance avec Vardel. Il ne se contente pas de revendre, il restaure...
DING DONG
Ah! Madame Van Debrock!... Quel plaisir!... Vous êtes ravissante!...
Merci, Monsieur Francis!
... mais accompagnée!
Je vous présente Fred. Il travaille chez un brocanteur, à Enocq... J'ai pensé qu'il apprendrait plus à votre contact qu'en grattant du vieux chêne!
Vous avez bien fait.... comme toujours!
J'ai malheureusement peu de temps à vous consacrer... Vous m'avez parlé d'une petite merveille, hier...
La voici!
Une Breguet de 1791!... Où diable avez-vous déniché cela?
Secret de femme!...
J'ai aussi une Eterna de 1955 et une L'Epine de 1825!...
Prodigieux!
Ah!... les montres!... Elles sont l'expression du temps... Celui qui détient le temps détient le pouvoir... Il est maître de son destin et dispose de l'organisation de la vie des autres...
Paris, 1791!... Celle-ci a compté les dernières heures de la vie de Louis XVI, de Marat, et de Robespierre!...

Je vous en prie, asseyez-vous !... La Breguet et la L'Epine peuvent m'intéresser... A combien les cédez-vous ?
25 pour la Breguet, 12 pour l'autre... Les deux à 35, ça vous va?
30, plus 3 en espèces !...??
Je vois que les statuettes vous plaisent !... L'ange est du XIII° siècle. A côté, vous avez un St Georges du XVII° et un St Michel du XVI°.
C'est curieux que ce soit justement ceux-là qu...
Bon!
Nous n'allons pas vous déranger plus longtemps, Francis... Vous vous disiez pressé... 30 facturés plus 3 en espèces me conviennent tout à fait !
Ah !... Bien !... Si vous trouvez d'autres modèles 1750-1830, pensez à moi !
Mais je pense toujours à vous, vous le savez bien !
C'est une drôle de coïncidence pour l'ange, hein ?... Je ne lui ai pas dit que tu en avais restauré un identique, sinon il m'aurait fait la cour pour l'acheter !
Ah oui ?...
... Christell ... les anges... on les sculpte par deux comme on fabrique les crapauds par quatre ?
... Tu sais, Fred...
Non, Christell... Plus tard...

DRIIING!
Atelier de Jean Vardel, Bonjour!
Je voudrais parler à Fred, s'il vous plaît.
C'est moi-même.
Gendarmerie d'Arras. J'ai les renseignements que vous avez demandés au commandant Durieux.
La R25 appartient à Jean Deltombe, de Saint-Omer, la Jaguar, à Francis Van de Pelt, route d'Etaples, à Hardelot... C'est au sujet d'un accident, n'est ce pas?...
Oui, ... et vous remercierez le commandant Durieux de ma part; je vais communiquer ces renseignements à la gendarmerie d'Etaples.
Van de Pelt!... Dans quoi t'es-tu embarquée, Christell ?... Méfie-toi!...
Fred ?...
Oui ?...
Il s'est passé quelque chose au hangar des frères Rossignol ?
C... comment cela ?
Leur clé accroche dans le cadenas, ce qui signifie qu'on s'est servi du double pour le refermer.
Euh...
... Ce sont les gosses qui jouaient au ballon; ils ont cassé un carreau et sont venus me le signaler pour que je leur ouvre la porte.

Ce sont eux qui sont entrés ?
Bien sûr !... Pourquoi ?
Pour rien...
Tiens !
Merci !
Ah ! Monsieur Vardel, j'ai oublié de vous dire...
Christell Van Debrock est venue chercher son ange et a laissé un chèque de garantie pour les espèces. Il faudra le lui rendre.
Tu veux y aller ?
Je préfère que ce soit vous !
D'accord !...
Tu vois ce que je vois, André ?... On ne me fera pas croire que c'est l'empreinte d'un pied de gosse, ça !...
Ouais !
Si le Fred n'est pas entré, ça veut dire que Vardel se sert chez nous...
... Ou qu'ils sont de mèche !...
Il faudra en parler à Wilmaut ce soir !

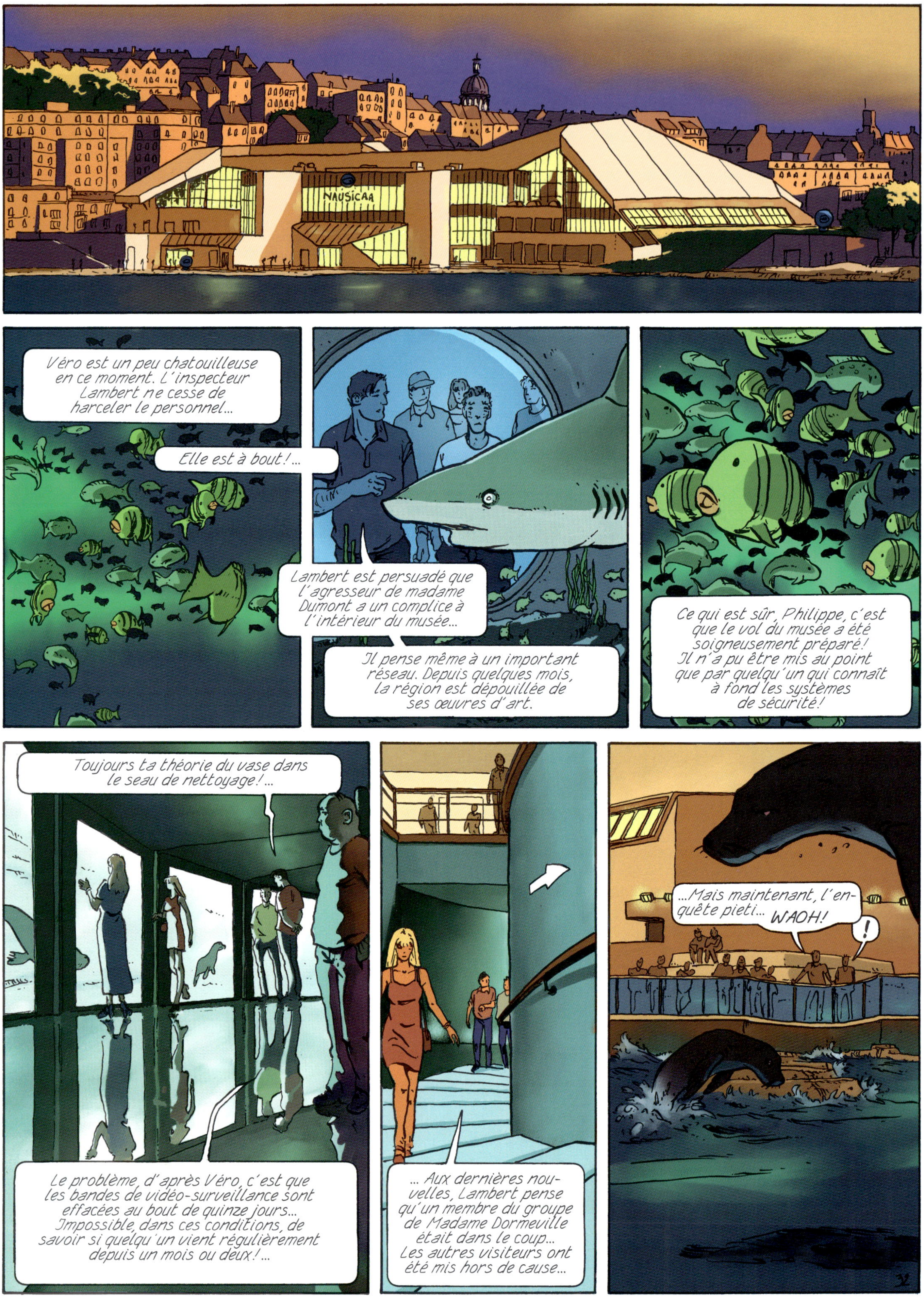
NAUSICAA
Véro est un peu chatouilleuse en ce moment. L'inspecteur Lambert ne cesse de harceler le personnel...
Elle est à bout!...
Lambert est persuadé que l'agresseur de madame Dumont a un complice à l'intérieur du musée...
Il pense même à un important réseau. Depuis quelques mois, la région est dépouillée de ses œuvres d'art.
Ce qui est sûr, Philippe, c'est que le vol du musée a été soigneusement préparé! Il n'a pu être mis au point que par quelqu'un qui connaît à fond les systèmes de sécurité!
Toujours ta théorie du vase dans le seau de nettoyage!...
Le problème, d'après Véro, c'est que les bandes de vidéo-surveillance sont effacées au bout de quinze jours... Impossible, dans ces conditions, de savoir si quelqu'un vient régulièrement depuis un mois ou deux!...
... Aux dernières nouvelles, Lambert pense qu'un membre du groupe de Madame Dormeville était dans le coup... Les autres visiteurs ont été mis hors de cause...
...Mais maintenant, l'enquête pieti... WAOH!
!

C'est toujours étonnant, des otaries! Tu as vu?... A deux en même temps!
Elles sont vraiment magnifiques!... Et avec une pureté de ligne!
L'évolution, mon vieux, l'évolution!
Si c'est l'évolution ... toi... avec une tête pareille, tu entres dans l'avenir à reculons!
Eh bien!... Aucune réaction!... Tu as un problème avec Christell?...
Tu veux en parler?...
Mmm... Il va être l'heure d'aller chercher Véro. La conférence doit être terminée maintenant.
C'était bien?
Excellent!... Mais tu risques de t'endormir au bout de deux minutes si je t'en parle!...
Mais non, mais non!
Où est Fred ?
A la voiture... : chagrin d'amour!
Ooh!... Le pauvre!...
Dis, tu savais que les momies...
ZZ
Imbécile!
AH! AH! AH!
Au revoir, docteur!
Au revoir!...
33

* Voir "L'éclat des Moëres"

Alors, tu le trouves?
Non! Il n'est ni dans les généralistes, ni dans les spécialistes du département!
C'est peut-être un hospitalier?
Véro, tu nous a bien dit qu'après avoir accompagné Mme Dumont à l'hôpital, il devait reprendre ses consultations?...
Oui, c'est cela!
Un médecin, sans cabinet!... sans téléphone!...
Impensable!... A quoi jouerait-il?
Le docteur Kunz!
Un habitué des bâtiments!...
Un familier des lieux...
Depuis combien de temps fréquente-t-il assidûment le musée?
Mes collègues l'avaient déjà vu avant mon arrivée, en juillet.
Savez-vous s'il a été introduit ici ?
Je... je crois qu'au début, il venait seul ... Un jour ... Je ne sais plus quand... il a rencontré Madame Dormeville... C'est elle qui m'a demandé si j'accepterais qu'il parle de Mariette à son groupe des Amis du Musée.
Groupe auquel appartenait Madame Dumont, la victime!... Peut-être se connaissaient-ils, elle et Kunz ?... Hum... Je vais faire vérifier s'il est bien enregistré à l'ordre des médecins.
Et Van de Pelt?
Van de Pelt ne concerne que la police, mademoiselle Véro! Et je suis la police!...
Contentez-vous de montrer ces catalogues à votre frère! Il s'agit de la liste de tous les objets d'art volés en France ces dernières années. Peut-être en a-t-il vu passer en brocante...
35

C'est toi qui as demandé à Christell de venir avec son Fred à Hardelot?
Oui... Je voulais savoir à qui on avait affaire.
Je vais te le dire, moi, à qui on a affaire!... Hier soir, je l'ai aperçu au Château-musée de Boulogne avec la fille qui travaille à l'accueil : c'est sa sœur. Tu te rends compte?...
Et alors? Il ne te connaît pas... Quel est le risque?
C'est le genre de coïncidence qui peut s'avérer dangereuse... et puis, je n'aime pas son air naïf!...
... Salle des ventes de Doullens... collection Francis Van de Pelt!
... Il a vu l'ange à la maison, et n'a rien dit. Si tu savais le nombre de personnes qui assistent à des évènements louches et qui se taisent!... Ce n'est pas de la naïveté, c'est de la prudence!
Peut-être... mais il a une tête qui ne me revient pas!...
... Salle des ventes de Béthune... collection Francis Van de Pelt!
Je vais demander à Wilmaut d'envoyer Vardel et Fred vider un grenier dans les Cévennes... Tu es rassuré?...
A propos de Vardel, les frères Rossignol ont des doutes sur lui... Il se servirait dans la réserve!...
DU TOUQUET
!!... Ça, c'est plus grave!... Si la marchandise réapparaît sans contrôle, c'est le meilleur moyen de se faire prendre!
Même chez Sotheby's... collection Van de Pelt!...
36

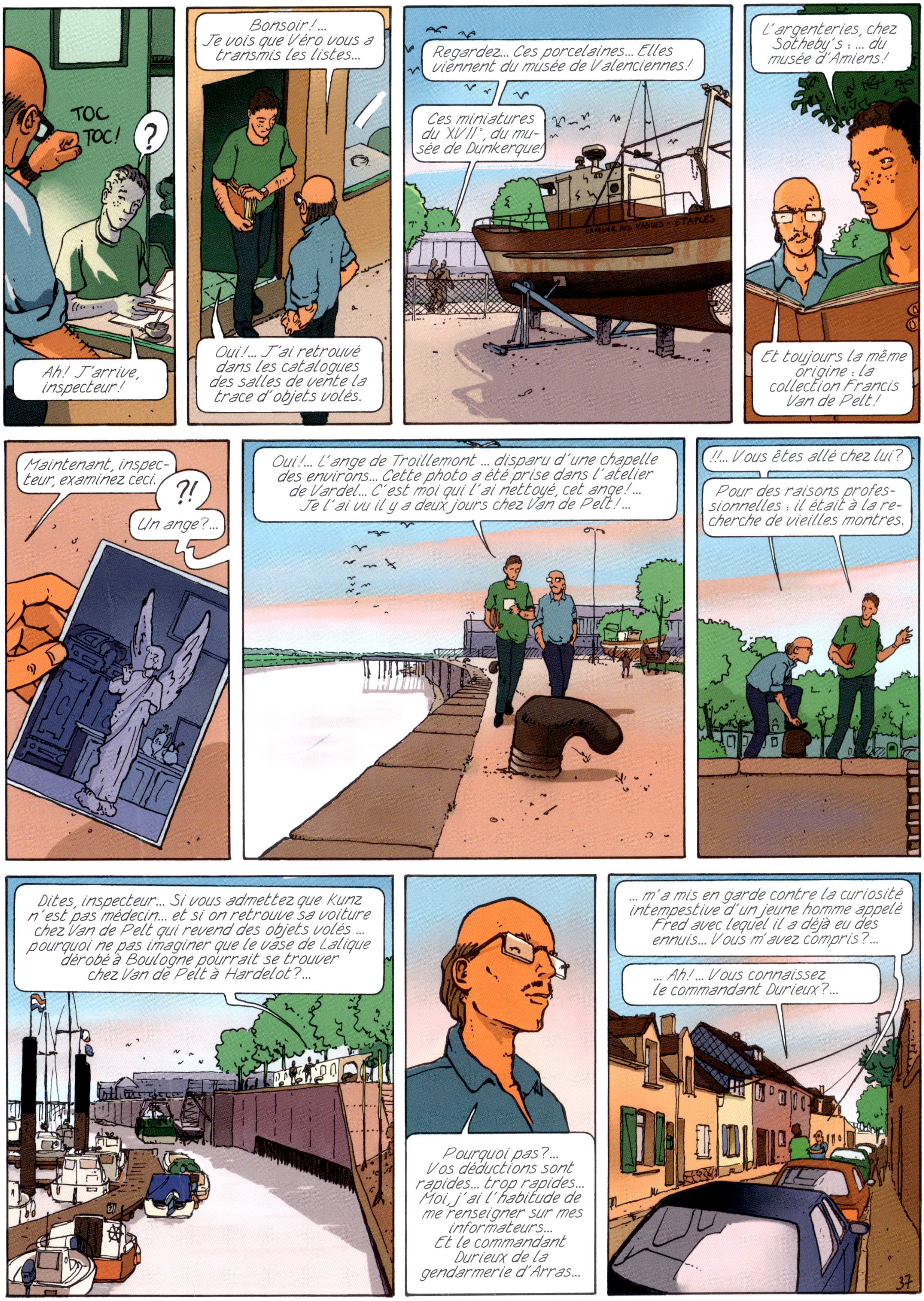

TOC TOC!
?
Ah! J'arrive, inspecteur!
Bonsoir!... Je vois que Véro vous a transmis les listes...
Oui!... J'ai retrouvé dans les catalogues des salles de vente la trace d'objets volés.
Regardez... Ces porcelaines... Elles viennent du musée de Valenciennes!
Ces miniatures du XVII°, du musée de Dunkerque!
L'argenteries, chez Sotheby's : ... du musée d'Amiens!
Et toujours la même origine : la collection Francis Van de Pelt!
Maintenant, inspecteur, examinez ceci.
?!
Un ange?...
Oui!... L'ange de Troillemont ... disparu d'une chapelle des environs... Cette photo a été prise dans l'atelier de Vardel... C'est moi qui l'ai nettoyé, cet ange!... Je l'ai vu il y a deux jours chez Van de Pelt!...
!!... Vous êtes allé chez lui?
Pour des raisons professionnelles : il était à la recherche de vieilles montres.
Dites, inspecteur... Si vous admettez que Kunz n'est pas médecin... et si on retrouve sa voiture chez Van de Pelt qui revend des objets volés ... pourquoi ne pas imaginer que le vase de Lalique dérobé à Boulogne pourrait se trouver chez Van de Pelt à Hardelot?...
Pourquoi pas?... Vos déductions sont rapides... trop rapides... Moi, j'ai l'habitude de me renseigner sur mes informateurs... Et le commandant Durieux de la gendarmerie d'Arras...
... m'a mis en garde contre la curiosité intempestive d'un jeune homme appelé Fred avec lequel il a déjà eu des ennuis... Vous m'avez compris?...
... Ah!... Vous connaissez le commandant Durieux?...
37

Montel ?... C'est Lambert !... Je suis sur la route avec la gendarmerie !... Tu as les renseignements que je t'ai demandés hier soir ?
Oui ... C'est assez surprenant !...
Primo, toutes les pièces vendues à Doullens ont été achetées par un certain Pierre Wilmaut !...
... Secundo, Van de Pelt rachète parfois à Wilmaut des objets que celui-ci a acquis dans une autre salle de vente... objets provenant de la collection Van de Pelt !...
... Attends !... Tu veux dire que Van de Pelt achète des objets qu'il a lui-même vendus ?...
Exact !
Fred ?
!
... Arrête tout !... J'ai un stock important à rapporter des Cévennes. Il me faut de l'aide; les frères Rossignol passeront nous prendre dans dix minutes.
J'ai le temps de prévenir Véro ?
Bien sûr !... On va passer chez toi ... C'est un travail sale..., prends de quoi te changer ... Laisse un mot à ta sœur; on en a pour trois ou quatre jours... Ce sera bien payé !
... Tertio, ... Kunz ...
... oui ?
... n'est effectivement pas médecin, et habite, comme Wilmaut, 25 rue de l'Ecusserie à Saint-Omer.
Monsieur Vardel ?
Qu...?
Vous êtes en état d'arrestation !
C'est bien lui, Lieutenant !!... Les deux autres ne devraient plus tarder !
Quatre hommes ici pour garder les issues et intercepter les frères Rossignol !
Hé !
Bien, mon Lieutenant.
Que se passe-t-il ?
... Toi, tu viens avec moi !
Moi !!!

Je n'ai rien fait, inspecteur!
Oh! Oh!... Il n'y a que les fainéants qui ne font rien!
Mais!...
... Ne t'inquiète pas, Fred!... Tu nous accompagnes uniquement pour identifier un objet, rien de plus.
... J'ai préféré te malmener un peu pour que Vardel ne te soupçonne pas d'être impliqué dans son arrestation... On ne sait jamais!...
DELOT
M. VAN DE PELT! Au nom du Procureur de la République, je vous somme de nous ouvrir!
Tant pis pour les objets!... L'argent, au moins, n'a pas de propriétaire!...
Mon Lieutenant!... Là-bas!...
Arrêtez-le!!
VROOM
BON SANG!!
Je vous laisse un véhicule radio et trois hommes pour fouiller la maison!... Nous, nous le prenons en chasse.

Vous ne mettez pas la sirène?
Non, je risquerais de lui ouvrir la route!
Il s'arrête chez Christell... vous le tenez!
!?! Qui est cette Christell?
Euh... Je vous expliquerai!...
ANTIQU
Dépêche-toi!
Que se passe-t-il, Francis ?
Les gendarmes!... Ils sont venus m'arrêter... J'ai pu filer..., mais ils sont à mes trousses...
...Le Lalique?...
Il est en lieu sûr... Wilmaut l'a déjà remis à mon père qui est sur son yacht... à Etaples... Moi, j'ai pris l'ange et le magot!...
Tiens-toi bien!
VROAR
?
STOP!!
...Ils nous échappent!... Impossible de les suivre là-dessus!
Ils ne peuvent remonter qu'à l'usine des dunes!...

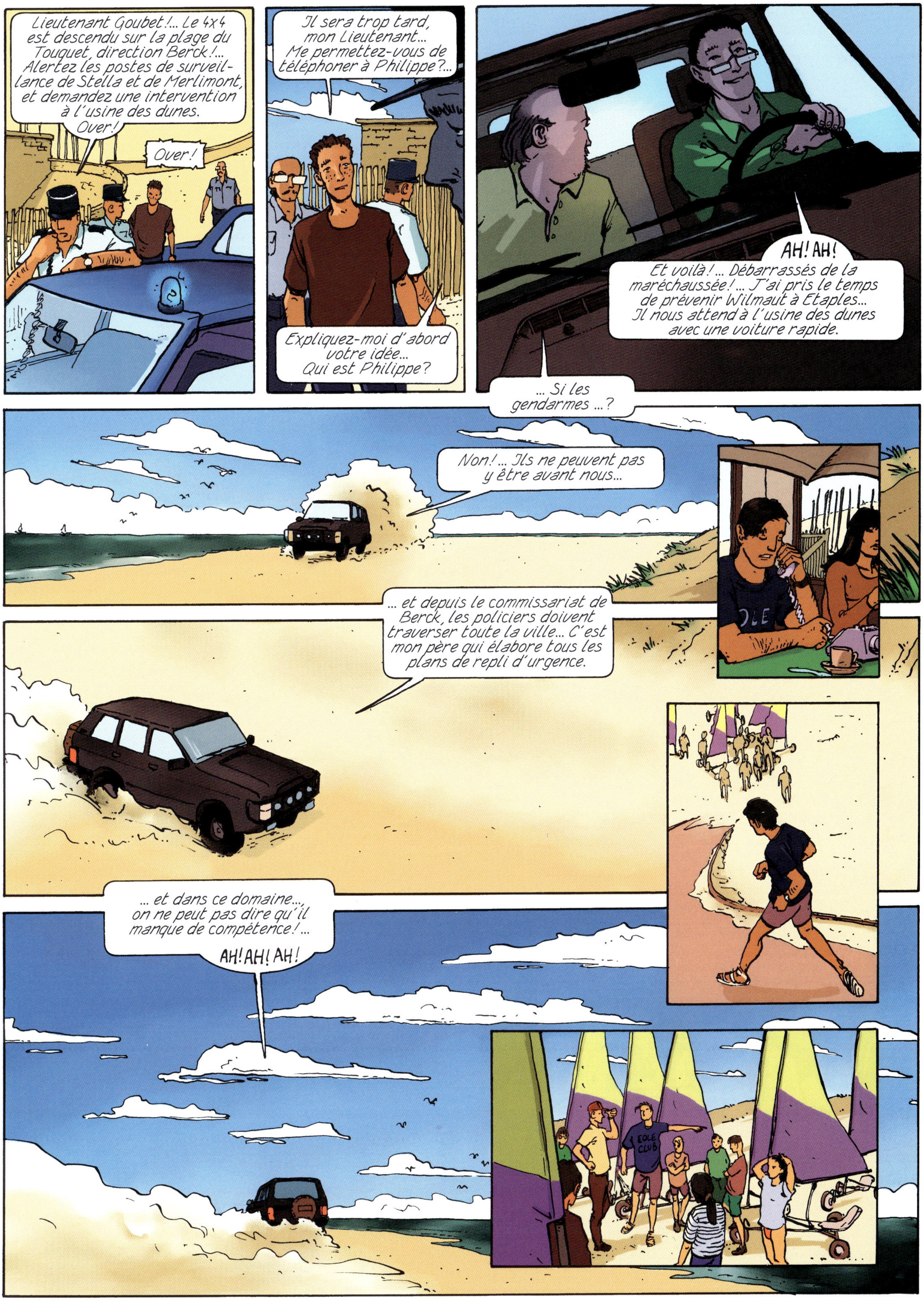
Lieutenant Goubet !... Le 4x4 est descendu sur la plage du Touquet, direction Berck !... Alertez les postes de surveillance de Stella et de Merlimont, et demandez une intervention à l'usine des dunes. Over !
Over !
Il sera trop tard, mon Lieutenant... Me permettez-vous de téléphoner à Philippe ?...
Expliquez-moi d'abord votre idée... Qui est Philippe ?
AH ! AH !
Et voilà !... Débarrassés de la maréchaussée !... J'ai pris le temps de prévenir Wilmaut à Etaples... Il nous attend à l'usine des dunes avec une voiture rapide.
... Si les gendarmes ...?
Non !... Ils ne peuvent pas y être avant nous...
... et depuis le commissariat de Berck, les policiers doivent traverser toute la ville... C'est mon père qui élabore tous les plans de repli d'urgence.
... et dans ce domaine..., on ne peut pas dire qu'il manque de compétence !...
AH ! AH ! AH !

Attention, Francis!.. Il y a une course de chars à voile!
Non, c'est un exercice!
Ce sont les élèves de l'Eole club qui sont en formation.
Tonnerre! ... Un Range Rover derrière nous! ... Avec un giroghare!...
Poste de surveillance de Merlimont... Nous prenons le 4x4 en filature. Over!...
Bien reçu, Merlimont!... Essayez de le pousser à la faute!
... A quoi jouent-ils donc?...
42

Ils serrent à gauche pour te laisser passer ! ...
... Ils prennent le dur, oui !... Attention !... Je rétrograde.
Accroche-toi !...
VROAR !
VRO
!!
BOUM
BOUM
43

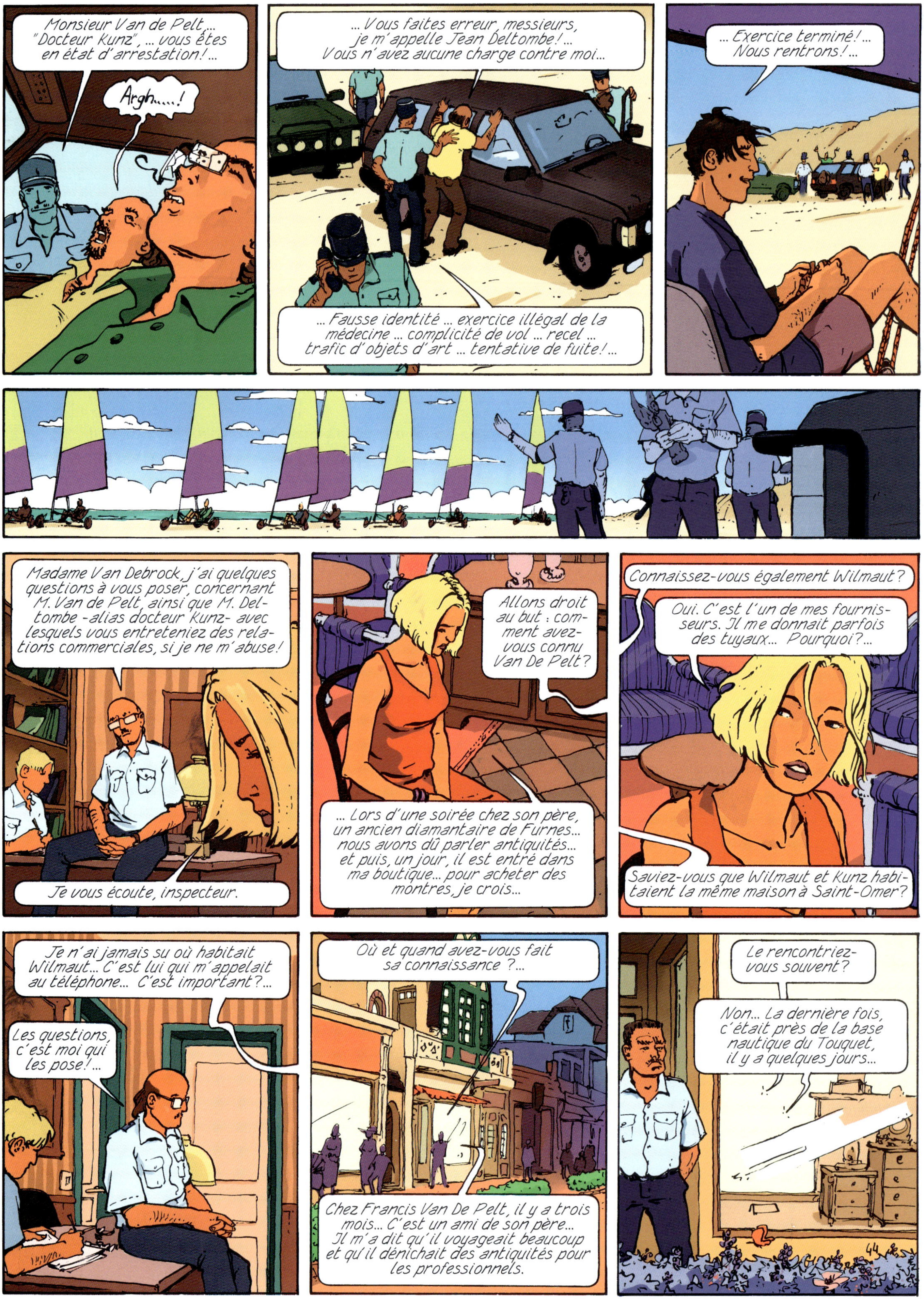
Monsieur Van de Pelt... "Docteur Kunz", ... vous êtes en état d'arrestation!...
Argh.....!
... Vous faites erreur, messieurs, je m'appelle Jean Deltombe!... Vous n'avez aucune charge contre moi...
... Fausse identité ... exercice illégal de la médecine ... complicité de vol ... recel ... trafic d'objets d'art ... tentative de fuite!...
... Exercice terminé!... Nous rentrons!...
Madame Van Debrock, j'ai quelques questions à vous poser, concernant M. Van de Pelt, ainsi que M. Deltombe -alias docteur Kunz- avec lesquels vous entreteniez des relations commerciales, si je ne m'abuse!
Je vous écoute, inspecteur.
Allons droit au but : comment avez-vous connu Van De Pelt?
... Lors d'une soirée chez son père, un ancien diamantaire de Furnes... nous avons dû parler antiquités... et puis, un jour, il est entré dans ma boutique... pour acheter des montres, je crois...
Connaissez-vous également Wilmaut?
Oui. C'est l'un de mes fournisseurs. Il me donnait parfois des tuyaux... Pourquoi?...
Saviez-vous que Wilmaut et Kunz habitaient la même maison à Saint-Omer?
Je n'ai jamais su où habitait Wilmaut... C'est lui qui m'appelait au téléphone... C'est important?...
Les questions, c'est moi qui les pose!...
Où et quand avez-vous fait sa connaissance ?...
Chez Francis Van De Pelt, il y a trois mois... C'est un ami de son père... Il m'a dit qu'il voyageait beaucoup et qu'il dénichait des antiquités pour les professionnels.
Le rencontriez-vous souvent?
Non... La dernière fois, c'était près de la base nautique du Touquet, il y a quelques jours...

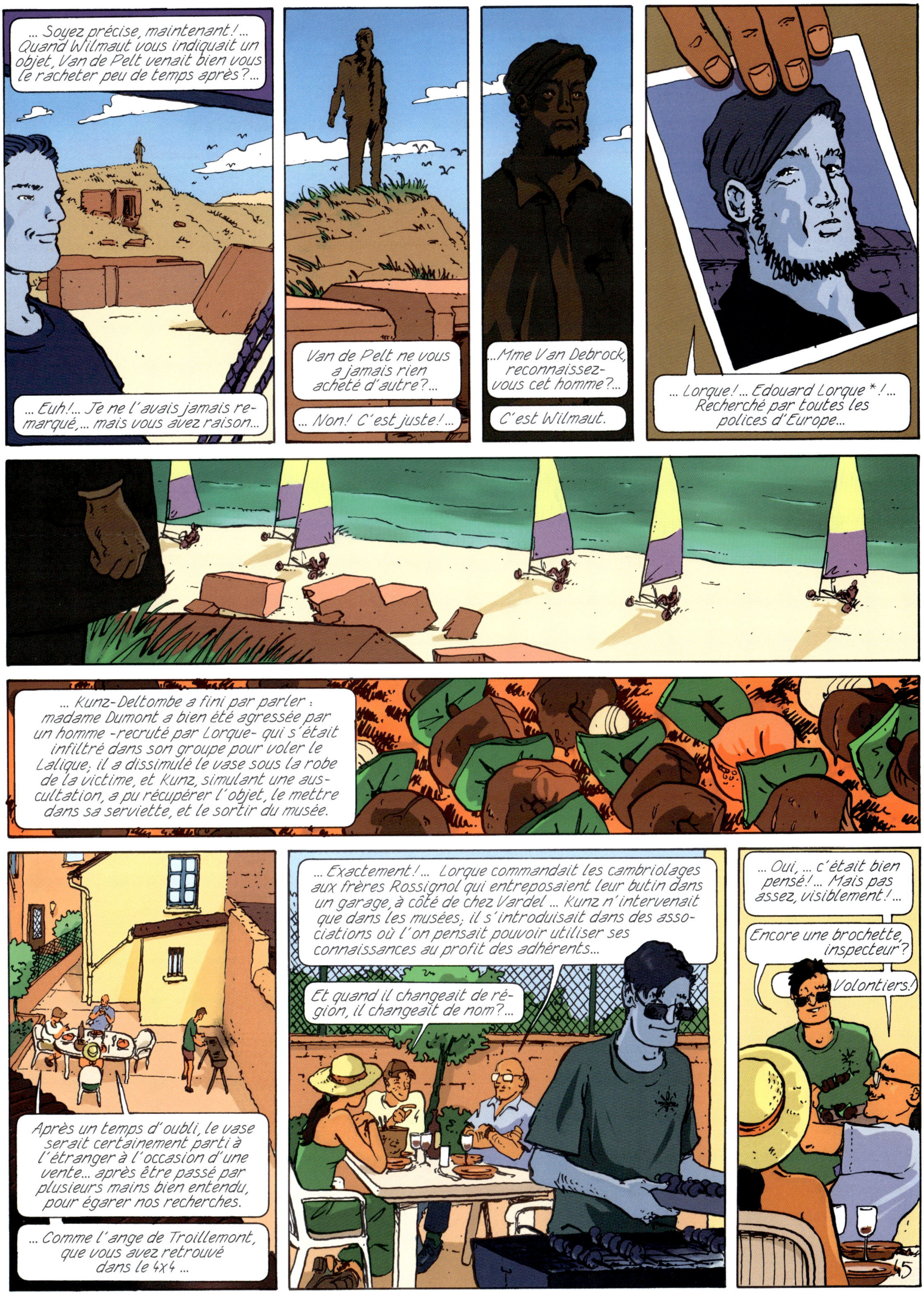
... Soyez précise, maintenant !... Quand Wilmaut vous indiquait un objet, Van de Pelt venait bien vous le racheter peu de temps après ?...
... Euh !... Je ne l'avais jamais remarqué,... mais vous avez raison...
Van de Pelt ne vous a jamais rien acheté d'autre ?...
... Non ! C'est juste !...
...Mme Van Debrock, reconnaissez-vous cet homme ?...
C'est Wilmaut.
... Lorque !... Edouard Lorque * !... Recherché par toutes les polices d'Europe...
... Kunz-Deltombe a fini par parler : madame Dumont a bien été agressée par un homme -recruté par Lorque- qui s'était infiltré dans son groupe pour voler le Lalique ; il a dissimulé le vase sous la robe de la victime, et Kunz, simulant une auscultation, a pu récupérer l'objet, le mettre dans sa serviette, et le sortir du musée.
Après un temps d'oubli, le vase serait certainement parti à l'étranger à l'occasion d'une vente... après être passé par plusieurs mains bien entendu, pour égarer nos recherches.
... Comme l'ange de Troillemont, que vous avez retrouvé dans le 4x4 ...
... Exactement !... Lorque commandait les cambriolages aux frères Rossignol qui entreposaient leur butin dans un garage, à côté de chez Vardel ... Kunz n'intervenait que dans les musées ; il s'introduisait dans des associations où l'on pensait pouvoir utiliser ses connaissances au profit des adhérents...
Et quand il changeait de région, il changeait de nom ?...
... Oui, ... c'était bien pensé !... Mais pas assez, visiblement !...
Encore une brochette, inspecteur ?
Volontiers !

* Voir "L'éclat des Moëres"

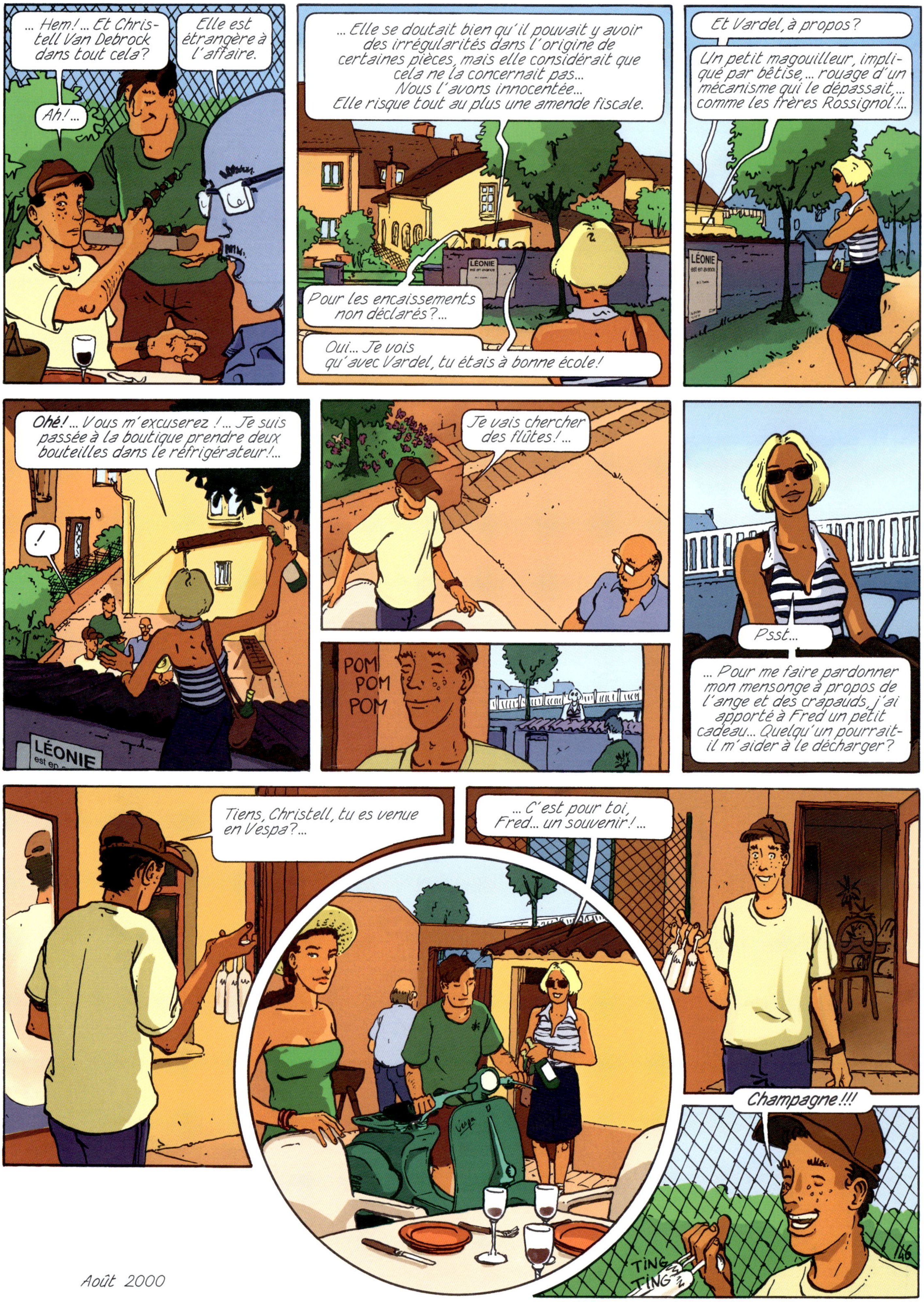
... Hem!... Et Christell Van Debrock dans tout cela?
Elle est étrangère à l'affaire.
Ah!...
... Elle se doutait bien qu'il pouvait y avoir des irrégularités dans l'origine de certaines pièces, mais elle considérait que cela ne la concernait pas... Nous l'avons innocentée... Elle risque tout au plus une amende fiscale.
Pour les encaissements non déclarés?...
Oui... Je vois qu'avec Vardel, tu étais à bonne école!
LÉONIE
Et Vardel, à propos?
Un petit magouilleur, impliqué par bêtise,... rouage d'un mécanisme qui le dépassait,... comme les frères Rossignol!...
Ohé!... Vous m'excuserez!... Je suis passée à la boutique prendre deux bouteilles dans le réfrigérateur!...
!
LÉONIE
Je vais chercher des flûtes!...
POM POM POM
Psst...
... Pour me faire pardonner mon mensonge à propos de l'ange et des crapauds, j'ai apporté à Fred un petit cadeau... Quelqu'un pourrait-il m'aider à le décharger?
Tiens, Christell, tu es venue en Vespa?...
... C'est pour toi, Fred... un souvenir!...
Champagne!!!
TING TING

Août 2000

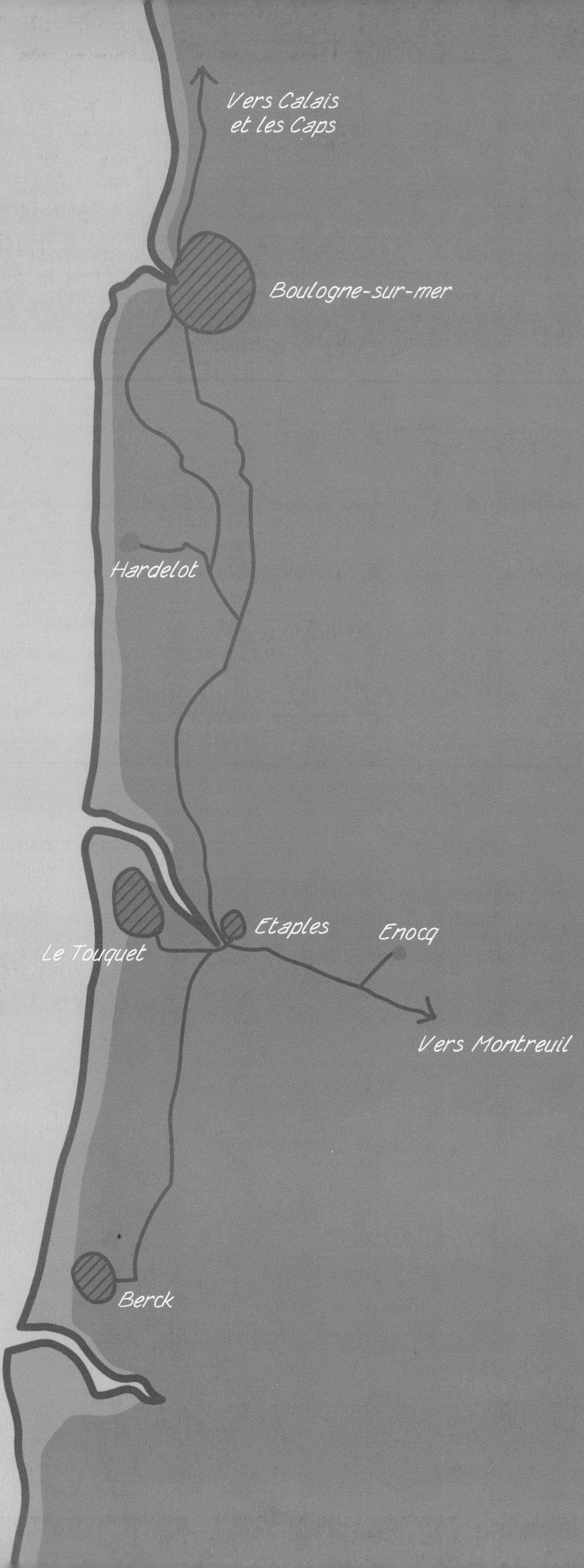
Vers Calais
et les Caps
Boulogne-sur-mer
Hardelot
Etaples
Enocq
Le Touquet
Vers Montreuil
Berck